FACULTÉ DE DROIT DE TOULOUSE

## DES RAPPORTS A SUCCESSION

# DISSERTATION

PRÉSENTÉE

## A LA FACULTÉ DE DROIT DE TOULOUSE

POUR OBTENIR LE GRADE DE DOCTEUR

PAR

## M. AYMARD ( Antoine - Osmin )

AVOCAT

NÉ A LACÉPÈDE ( Lot-et-Garonne )

AGEN

IMPRIMERIE DE PROSPER NOUBEL

—

M. DCCC LXIV

# DES RAPPORTS A SUCCESSION

~~~

# DISSERTATION

PRÉSENTÉE

## A LA FACULTÉ DE DROIT DE TOULOUSE

POUR OBTENIR LE GRADE DE DOCTEUR

PAR

## M. AYMARD ( Antoine - Osmin )

AVOCAT

NÉ A LACÉPÈDE ( Lot-et-Garonne )

## AGEN

IMPRIMERIE DE PROSPER NOUBEL

—

M. DCCC. LXIV

# FACULTÉ DE DROIT DE TOULOUSE.

MM. Delpech, *doyen*, Professeur de Code Napoléon.

CHAUVEAU,     Professeur de droit administratif.

RODIÈRE,     Professeur de procédure civile.

DUFOUR,     Professeur de droit commercial.

MOLINIER,     Professeur de droit criminel.

BRESSOLLES,     Professeur de Code Napoléon.

MASSOL,     Professeur de droit romain.

DEMANTE,     *idem.*

GINOULHIAC,     Professeur de droit français, étudié dans ses origines féodales et coutumières.

Huc, *agrégé*, chargé du cours de Code Napoléon.

HUMBERT,

ROZY,     } *Agrégés.*

CASSIN,

M. DARRENOUGUÉ, Officier de l'Instruction publique, Secrétaire, Agent-Comptable.

MM. MOLINIER, *Président.*

RODIÈRE,

MASSOL,

GINOULHIAC,     } *Suffragants.*

ROZY,

**La Faculté n'entend approuver ni désapprouver les opinions particulières du Candidat.**

# DROIT ROMAIN.

## DE LA COLLATIO DANS LE DROIT DES PANDECTES.

( Dig., Liv. XXXVII, Tit. 6 & 7. — Code, Liv. VI, Tit. 20 ).

## INTRODUCTION.

L'ensemble du droit romain peut, sous le rapport du sujet que nous nous proposons d'examiner, se diviser en quatre périodes bien distinctes : dans la première période, qui comprend le droit civil primitif, il n'est et ne peut être question de la collatio bonorum, tandis que dans la seconde, où le droit prétorien vient *usu exigente et humanis necessitatibus*, adoucir et corriger les rigueurs de l'*ipsum jus*, la collatio bonorum a le caractère d'une indemnité destinée à réparer le préjudice qu'une certaine catégorie d'héritiers nouvellement appelés vient causer aux héritiers exclusivement admis par le droit civil primitif. Plus tard, lorsque sous la troisième période s'affaiblit la distinction entre les héritiers du droit civil, les héritiers siens, et ceux qu'une législation moins rigoureuse avait appelés précédemment déjà au partage de l'hérédité paternelle, la collatio commença dans les constitutions impériales à revêtir un caractère, à être dominée par des principes qu'elle ne devait plus abandonner, et que consacrèrent plus tard les législations postérieures. La collatio cessa dès lors d'être un simple *apport*, une simple indemnité accordée aux héritiers siens, pour devenir un véritable *rapport*, c'est-à-dire, la remise à la masse de la succession de biens qui en étaient précédemment sortis. La quatrième période, enfin, comprend la législation de Justinien, législation qui consacre le caractère du rapport, et qui en généralise l'obligation pour tous les enfants, qu'ils viennent à la succession ab intestat, comme héritiers légitimes, ou à la succession testamentaire, comme héritiers institués.

La collatio bonorum ne pouvait, avons-nous dit, exister pendant la première période, alors que le citoyen romain mettait une sorte d'orgueil à disposer d'une manière arbitraire de la totalité de son patrimoine, dans lequel entraient d'ailleurs, sauf une exception relative au pécule *castrans*, toutes les acquisitions faites par les fils de famille restés sous sa puissance ; la volonté du *pater-familias* était à cet égard absolue, sans limites ; — *uti legassit super pecuniâ tutelâre suæ rei, ita jus esto*, disait la loi des Douze Tables.

Mais le droit honoraire apporta bientôt des restrictions à ce pouvoir si étendu du père de famille ; en vertu d'une fiction qui considérait les enfants comme propriétaires du vivant même du père, comme formant avec lui un seul être collectif quant à la propriété, tellement que les enfants recueillaient l'hérédité paternelle, comme s'ils se succédaient à eux-mêmes, *hæredes sui*, le père de famille ne pouvait les omettre dans son testament. Il devait les exclure *nominatim* ou *inter cæteros*, sous peine, dans le premier cas, de la nullité de ses dispositions testamentaires, et dans le second cas, de leur rescision partielle, en vertu du *jus adcrescendi ad certam portionem* qu'avait une certaine catégorie d'héritiers siens omis.

Les préteurs ne s'en tinrent pas là ; mais dans un but de justice et d'équité, *adjuvandi vel emendandi veteris juris gratiâ*, colorant d'ailleurs, comme le dit Justinien, d'un prétexte de folie, une exhérédation ou une omission qu'ils supposèrent ne pouvoir provenir que d'un état de démence dans l'esprit du testateur, quand elles n'étaient pas méritées, les préteurs accordèrent à l'héritier sien exhérédé l'action *inofficiosi testamenti*, pour faire rescinder le testament.

Ils augmentèrent, en outre, le nombre des héritiers siens, et comme en vertu du droit civil primitif les enfants émancipés n'avaient aucun droit à l'hérédité, puisqu'ils étaient sortis de la famille, ils accordèrent à l'enfant émancipé une possession de biens *contrà tabulas*, si le père de famille mort testat n'avait pas exhérédé on avait omis le fils émancipé, et une possession de biens *undè liberi* si le pater-familias était mort intestat, s'il avait laissé un testament *non jure factum*, ou si son testament étant simplement *ruptum* ou *irritum* d'après le droit civil, les héritiers n'avaient pas demandé les possessions de biens contrà ou secundùm tabulas.

C'est précisément dans cette dérogation introduite par le droit prétorien pour les enfants émancipés, que la collatio bonorum a pris naissance. — Le préteur s'aperçut bientôt qu'en appelant au partage de l'hérédité paternelle les enfants émancipés concurremment avec leurs frères restés en puissance, il attribuait involontairement aux premiers un avantage excessif au détriment des seconds. En effet, les gains, les profits, les acquisitions diverses de ces derniers, à l'exception toutefois du pécule castrans, venaient se confondre dans le patrimoine du père de famille, avec lequel ils formaient un tout, dont les émancipés prenaient ensuite leur part virile, tandis que ceux-ci gardaient par devers eux les acquisitions à titre gratuit ou onéreux qu'ils avaient faites depuis leur sortie de la famille.

Cet état de choses n'était pas juste ; aussi le préteur « ce chevalier de l'équité », décida-t-il que les enfants émancipés feraient l'apport de leurs biens à la masse héréditaire, s'ils voulaient concourir avec leurs frères non émancipés au partage de l'hérédité paternelle, en demandant la possession des biens.

La collatio bonorum, dont nous venons de voir l'origine, fut plus tard étendue aux héritiers siens et à d'autres héritiers, considérés comme tels ; le principe d'équité qui lui avait donné naissance, *nam hic titulus manifestam habet æquitatem*, dit Ulpien, fut généralisé, et appliqué non seulement dans les successions ab intestat, mais aussi dans le dernier état du droit aux successions testamentaires.

Nous étudierons d'abord la collatio proprement dite ; nous examinerons ensuite quelques règles spéciales à la collatio dotis, à la collatio donationum simplicium, et nous terminerons enfin la première partie de ce travail par l'analyse des diverses innovations introduites par les empereurs.

# COLLATIO BONORUM.

## I. — CAUSES DE LA COLLATIO.

La collatio bonorum du droit prétorien, est l'apport et la réunion à la masse des biens héréditaires, du patrimoine des émancipés qui viennent concourir avec les héritiers du droit civil au partage de la succession paternelle. La collatio des biens des émancipés est un corollaire indispensable de leur concours, et elle a pour but de réparer le préjudice que leur présence cause aux héritiers siens.

La collatio ne s'applique qu'aux successions déférées par le préteur dans l'ordre des descendants. — Elle n'existe ni dans les successions testamentaires ( l. 1, C. de Collat. ), sauf une disposition spéciale du testateur, ni dans les successions ab intestat, lorsque tous les héritiers viennent à la succession en vertu du droit civil, ipso jure; mais dans ces mêmes successions, elle est une conséquence inévitable de l'exercice des possessions contrà tabulas ou undè liberi, que le préteur accorde aux enfants émancipés exclus par le droit civil; *consequens esse credit*, dit en effet Ulpien, *ut sua quoque bona in medium conferant, qui appetant paterna.* Si l'émancipé qui vient à la succession doit être traité comme un non émancipé qui ne peut rien posséder en propre, pourquoi serait-il traité plus favorablement que lui sous le rapport de ses biens?

Avant d'entrer dans l'examen des textes relatifs à la collatio, nous croyons nécessaire de dire un mot des caractères généraux des possessions de biens contrà tabulas et undè liberi, accordées par le droit prétorien aux enfants émancipés omis, et dont la collatio n'est, avons-nous dit, qu'une conséquence.

1° *Possessio contrà tabulas.* — Elle se donne aux enfants que le père de famille a passés sous silence, « præteritis liberis; » que ces enfants soient héritiers siens en vertu du droit civil, ou mis au nombre des héritiers siens par le droit prétorien, « quasi hæredes, » qu'ils soient naturels, émancipés ou donnés en adoption, nés ou à naître, du sexe masculin ou du sexe féminin.

La possession contrà tabulas ne se donne ni aux enfants institués dans le testament ni aux enfants exhérédés, lesquels n'ont que la ressource de la querela inofficiosi testamenti, pour faire rescinder le testament. Toutefois, les premiers qui ne peuvent pas prendre l'initiative pour demander la possession contrà tabulas, institués qu'ils sont, ont néanmoins le droit d'intervenir et de demander une portion virile dans les biens paternels, quand un enfant omis par le père réclame la rescision du testament, en demandant au préteur la possession contrà tabulas. — Mais comme il aurait pu se faire que dans le cas de concours d'enfants institués avec des étrangers, ceux-ci, en colludant avec les enfants omis, ne privassent les enfants institués du bénéfice de la part virile qu'ils auraient eue, *committendo edictum*, le préteur, dans le but d'obvier à cet inconvénient, permit aux institués de réclamer la possession contrà tabulas, toutes les fois qu'un enfant né ou posthume ayant été omis, aurait pu committere edictum. (L. 4, § 3 de honor. possess. — L. 10, § 6 de honor. possess.)

Disons, en terminant, ce qui a trait à la possession contrà tabulas, qu'elle ne se donne jamais contre le testament des femmes, ou des ascendants par les femmes; — « tantùm facit silentium matris, quantùm exheredatio patris. »

2° *Possessio undè liberi.* — Cette possession est accordée aux enfants héritiers siens, ou mis au nombre des héritiers siens, quand le de cujus meurt intestat ; elle n'a pas lieu non plus dans les successions des femmes, qui ne peuvent pas avoir d'héritiers siens.

---

Il faut, pour donner naissance à la collatio, la réunion de deux circonstances :

I. — *Une possession de biens donnée par le préteur :* « inter eos dabitur collatio, quibus possessio data est, dit le jurisconsulte Ulpien. ( L. 1, § 1, D. de Collat. » — Il ne suffisait pas au reste que cette possession de biens fût donnée par le préteur à l'émancipé seul ; l'héritier sien appelé par le droit civil devait aussi la demander, sous peine de ne pouvoir, aux termes de l'édit, exiger la collatio de ses cohéritiers émancipés. La collatio est en effet d'origine prétorienne, et le préteur ne l'accordait qu'aux descendants du de cujus, qui arrivaient tous à la succession, en vertu des mêmes possessions de biens, soit contrà tabulas, soit undè liberi. Ainsi, la collatio n'aurait donc pas lieu entre un descendant héritier sien qui, après la rupture du testament, viendrait en vertu du droit civil, sans avoir eu le soin de demander la possession contrà tabulas, et un émancipé qui ne pourrait venir à la succession qu'en vertu précisément de cette même possession de biens. ( L. 20, § 1, de bonor. possess. contrà tabulas. )

Il ne faudrait pas cependant exagérer l'application de ce principe; nous trouvons à ce sujet, dans le Digeste, une loi (l. 10 Dig. Coll. bonor. in fine), qui est en quelque sorte un pas de plus fait dans la voie d'équité où s'était engagé le préteur, soit en appelant les émancipés à concourir avec les héritiers siens, soit en forçant les premiers à effectuer la collatio. — Certains commentateurs, il est vrai, entre autres Antoine Favre, ont pensé que cette loi n'était autre chose qu'un tribonianisme; mais, outre que le reproche d'interpolation ne doit être adressé à Tribonien qu'en dernière analyse, et lorsqu'il est impossible d'expliquer autrement le texte critiqué, nous pensons que la décision de Scévola n'est qu'une conséquence, qu'une application plus large du principe d'équité qui a donné naissance à la collatio, conséquence autorisée plutôt par l'esprit de la loi que par son interprétation judaïque.

Scévola suppose un fils en puissance institué héritier, et un fils émancipé qui arrive à la succession, en vertu de la possession contrà tabulas : le fils en puissance se contente de son titre d'héritier d'après le droit civil, et ne demande pas la possession de biens. Il n'y aura pas lieu à la collatio, si l'on fait l'application stricte des principes de l'édit, puisque les deux enfants viendront à la succession *ex diverso jure*; cependant, par cela seul que l'enfant en puissance aurait pu demander la possession de biens, Scévola décide que l'oubli de cette formalité ne l'empêchera pas d'exiger le rapport des biens de l'émancipé venant à la succession per contrà tabulas.

Toutefois, si nous rapprochons cette loi 10 D. de Collat. bonor. de la loi 14 in fine, sed illud observandum (de bonor. possess. contrà tabulas), et nous appuyant d'ailleurs sur les principes généraux de l'édit, qui exigent un préjudice causé, comme nous le dirons ci-après, nous ne ferons l'application de cette décision de Scévola que dans le cas où la portion du fils institué serait diminuée par le concours du fils émancipé passé sous silence. Aux termes de cette loi, en effet, le préteur vient en aide à l'enfant qui se contente du titre d'héritier testamentaire, *quia judi-*

*cium patris secutus sit*, mais jusqu'à concurrence seulement de sa part virile dans les biens paternels. Si donc il a été institué pour une portion supérieure à celle qu'il aurait eue par l'effet d'une possession de biens ab intestat, cette part supérieure sera réduite à une portion virile ; comme aussi, s'il a été institué pour une part moindre, il sera obligé de se contenter de cette portion ; c'est sa faute s'il a fait adition jure civili, et s'il n'a pas demandé au préteur un autre titre que celui d'héritier testamentaire.

Certains commentateurs, tout en reconnaissant que la loi 10 n'est pas une interpolation de Tribonien, soutiennent que l'opinion de Scévola constitue une exception unique, et qu'en dehors de cette exception, la règle « inter eos dabitur collatio, quibus possessio data est » reprend son empire. En règle générale donc, il faudra, suivant ces jurisconsultes, que l'héritier sien et l'émancipé arrivent à la succession ex eodem jure.

On invoque, à l'appui de cette opinion, la loi 20 (de bonor. possess. contrà tabulas, § 1 ), dont la solution est, au fond, conforme à l'édit, puisque les deux enfants venant à la succession ex diverso jure, l'émancipé, par la possession contrà tabulas, l'héritier sien exhérédé par la possession undè liberi, la collatio ne peut donc avoir lieu.

Mais on a peut-être tort d'invoquer cette loi ; car, outre que l'espèce prévue diffère essentiellement de celle que prévoit la loi 10 ( de Coll. bonor.), le jurisconsulte s'appuie surtout pour la décision de la question, sur l'avantage que l'émancipé, par l'intermédiaire duquel le testament est rompu, procure à l'héritier exhérédé. L'exercice de la possession contra tabulas permet en effet à celui-ci de venir, par la possession undè liberi, au lieu de la querela inofficiosi testamenti, qui eût été sa seule ressource, si l'étranger institué eût fait adition ; « propter delatam emancipato à prætore contrà tabulas bonorum possessionem, nomen sui hæredis adeptus est. » Tryphoninus ne trouve donc pas la lettre de l'édit suffisante pour justifier son opinion.

La loi 6, coll. dotis, décide qu'un émancipé institué n'a pas à conférer ses biens à une fille en puissance exhérédée, qui arrive à la succession par la querela inofficiosi testamenti. Cette décision est conforme à la lettre de l'édit, car la querela ne rescinde le testament que pour partie ; le fils émancipé est donc toujours héritier testamentaire, et, en cette qualité, n'est pas soumis à la collatio.

Mais la loi suivante : « Nec ipsa dotem fratribus suis conferet, cùm diverso jure fratres sint hæredes » est invoquée par les commentateurs, à l'appui de l'opinion qu'ils soutiennent ; si la fille ne rapporte pas sa dot à ses frères, c'est, disent-ils, parce qu'elle succède ab intestat, tandis que ses frères succèdent ex testamento. Nous pensons que la loi 7 n'est pas, comme on le décide, la suite de la loi 6 ; en effet, dans la première, il est question de plusieurs frères, tandis que dans la loi 6, Papinien ne suppose la fille en concours qu'avec un seul frère ; et, d'ailleurs, comment comprendre que la fille hæres sua doive la collatio, non-seulement aux héritiers siens, mais encore aux émancipés, comme le déciderait Paul, si l'on faisait de la loi 7 la suite de la loi 6. Paul décide, ce semble, le contraire, et tranche une question déjà controversée de son temps, mais qui fut résolue dans un autre sens par Gordien, et, plus tard, par Léon, dans la constitution ut liberis. (Code, loi 17 ; de Collat. )

Il est facile de concevoir que Scévola ait été amené à sacrifier la lettre de l'édit pour rester dans son esprit, lui qui vivait à une époque où les jurisprudents cherchaient à dégager les principes d'équité de toutes ces entraves formalistes qui en gênaient

l'expansion ; à une époque d'ailleurs où la demande des possessions de biens n'était qu'une simple formalité que le préteur ne
refusait jamais, quand celui qui la demandait avait la possibilité
légale de l'obtenir.

Nous croyons donc que la décision de Scévola dut constituer
une règle générale et ne pas être spécialement applicable à l'hypothèse prévue par la loi 10. Si, d'ailleurs, la collatio est surtout
une réparation du préjudice causé aux héritiers siens par le concours des émancipés, pourquoi une simple différence des titres,
en vertu desquels les enfants viennent à la même succession,
déchargerait-elle l'émancipé de l'obligation de rapporter? Pour-.
quoi, d'ailleurs, puisque la collatio n'a précisément été instituée
que pour équilibrer autant que possible les positions des héritiers siens et des émancipés, ne pas obliger ces derniers au rapport, attendu que s'il n'en était pas ainsi, l'émancipé se trouve-
rait jouir à la fois du double avantage d'avoir dans sa propriété
tous ses biens propres, acquis depuis l'affranchissement, et de
partager encore ceux que le père aurait laissés.

Peut-être que dans les premiers temps il ne fallait, aux termes
de l'édit, qu'une seule circonstance pour donner naissance à la
collatio ; le concours d'un émancipé et d'un héritier sien arrivant
tous deux *ex eodem jure*, que le concours de l'émancipé nuisit
ou non à l'héritier sien. — Ce ne fut peut-être que plus tard, et
à une époque contemporaine de Scévola, qu'on s'attacha moins
à la circonstance du concours ex eodem jure, pour se préoc-
cuper davantage du préjudice que ce concours pourrait causer à
l'héritier sien. — Ceci nous amène à la seconde circonstance dont
nous parlions plus haut, et qui est exigée pour que la collatio
ait lieu, savoir :

2° Un préjudice causé à l'héritier sien, par le concours de

l'émancipé ; et à cette occasion il faut observer que la quotité de l'apport sera toujours proportionelle au préjudice causé, tellement que l'émancipé ne fera l'apport d'aucune partie de son patrimoine, si son concours à la succession ne préjudicie pas à l'héritier sien.

Tel est le sentiment d'Ulpien dans les §§ 4 et 5 de la loi 1, de Coll. Dig. Ce jurisconsulte suppose un héritier sien et un étranger institués, un fils émancipé omis ; en vertu de la possession de biens contrà tabulas qu'il demande au préteur, l'enfant émancipé fait rescinder le testament ; de sorte que deux héritiers se trouvent en présence, l'un appelé par le droit civil, l'autre par le droit prétorien. La succession se divise donc en deux parties égales, l'une pour l'héritier sien, l'autre pour l'émancipé. Celui-ci devra-t-il la collatio ? oui, si le fils institué se trouve d'avoir moins que la portion qui lui avait été fixée par le testateur ; non, dans le cas contraire, c'est-à-dire, si le testateur ne lui donnait qu'une moitié ou moins de la succession, car le concours de l'émancipé, loin de lui causer un préjudice, lui procure un avantage. « Totiens, dit en effet Uulpien, igitur collationi locus est, quotiens aliquo incommodo affectus est, is qui in potestate est, interventu emancipati. Cæterum si non est, collatio cessabit. »

Nous trouvons encore une espèce analogue, et une solution semblable dans la loi 20, § 1, in fine, de bon. poss. contrà tab. ; « et quamvis edicti verbis collatio inducatur, ex mente prætoris denegandam eam respondetur, nous dit Tryphoninus. »

La loi 1, § 13, de conjung. cum emancip. liberis ejus, fait, dans une autre espèce, l'application des mêmes principes. Un père a deux fils ; il émancipe l'un d'eux, mais il garde sous sa puissance les fils de l'enfant qu'il émancipe, ses petits-fils à lui ; plus tard, il meurt intestat. Le fils émancipé vient en vertu de la pos-

session de biens undè liberi ; rapportera-t-il à son frère ? non, car
il ne lui cause aucun préjudice, puisque l'héritier sien a toujours
la moitié de la succession à laquelle seule il avait droit en présence des enfants de son frère ; mais, dit Ulpien, il rapportera à
ses fils à lui, qui sont héritiers siens, car sans son concours ils
auraient eu droit tous ensemble à la moitié de la succession ; il
devra en conséquence faire un apport proportionnel à la part
qu'il leur enlève.

La collatio n'a lieu que dans la succession prétorienne, elle n'a
jamais lieu dans la succession testamentaire, toutes les fois que
l'enfant recueille en vertu du testament. Ainsi l'émancipé ne devra
pas faire l'apport de ses biens aux héritiers siens, si c'est à titre
de legs, de fidéicommis, ou de tout autre disposition, qu'il
reçoit exactement la part à laquelle il a droit dans la succession
paternelle ( l. 1 , §§ 6 et 7, de Coll. )

Le droit d'exiger la collatio était-il transmissible aux héritiers ?
Julien ( l. 1 , § 8, de Coll. ) fait une distinction : si l'héritier
sien, dit-il, a demandé la possession de biens avant de mourir,
le droit à cette possession né dans sa personne passera à ses héritiers ; ils ne l'auront pas dans le cas contraire. — Ils pouvaient,
néanmoins, réclamer la part acquise de plein droit à leur auteur,
soit par l'effet d'une disposition testamentaire, soit en vertu des
principes du droit civil ; le préteur leur venait en aide, si leur
auteur avait été institué pour une part inférieure ou égale à celle
qu'il aurait eu le droit de réclamer en demandant la possession
de biens, « non tamen ultrà virilem, dit la loi 1, § 8, de Coll. »

Il nous paraît évident que les héritiers de l'émancipé concourant avec un héritier sien, étaient, tout aussi bien que lui-même
soumis à la collatio, quand celui-ci venait à mourir après avoir

obtenu la possession des biens, dont la collatio était devenue une
conséquence, surtout d'après l'opinion de Scévola.

Il arrivait quelquefois que le préteur ne donnait la possession
des biens que provisoirement; telle était la possession carbonienne, que le préteur accordait aux impubères, contre lesquels
était soulevée une « controversia statûs et bonorum pater-
norum » lorsqu'il reconnaissait, *cognitâ causâ*, qu'il y avait
doute suffisant en faveur de l'impubère. — Cette possession
donnée surtout dans les successions testamentaires, mais étendue aussi aux successions ab intestat, n'était que provisoire; en
attribuant, moyennant caution, à l'impubère, et jusqu'à l'époque
de sa puberté, un état qu'on lui contestait, elle faisait différer le
procès jusqu'après sa puberté, afin que ses droits les plus impor-
tants ne fussent pas compromis par une décision rendue pendant
son impuberté. Julien ( l. 3, § 1, de Coll. ) se demande si cette
possession de biens provisoire oblige l'émancipé à conférer à l'impubère « qui se filium, et in potestate patris fuisse dicit; » il
résout la question affirmativement, en invoquant l'opinion du
jurisconsulte Paul.

Toutefois ce dernier jurisconsulte décide (l. 12 de Coll.) que la
collatio n'a pas lieu quand la possession des biens, *ventris nomine*, est accordée dans l'intérêt du posthume qui est encore dans
le sein de sa mère à l'époque de l'ouverture de la succession, lui
qui en naissant pourrait cependant faire rescinder le testament
dans lequel le père de famille aurait omis de l'instituer. Paul mo-
tive sa décision sur ce qu'on ne peut pas dire qu'avant sa naissance il soit in potestate. Ce texte apporte donc une dérogation
formelle à la loi 7, de statu hominum, qui considère l'enfant
comme déjà né, « quoties de commodis ejus agitur. »

## II. — ENTRE QUELLES PERSONNES A LIEU LA COLLATIO.

Nous examinerons successivement dans cette division : 1º
« quelles sont les personnes qui doivent rapporter ; 2º quelles
sont celles à qui doit être fait le rapport.

1º Quels sont ceux qui doivent rapporter ? — Ce sont premiè-
rement les émancipés qui ont obtenu la possession contrà tabulas
ou undè liberi, par application de la maxime : *Inter eos dabitur
collatio quibus possessio data est.* Accurse et Azon posent ici en
règle générale, que la collatio est due par ceux qui sont devenus
sui juris avant l'ouverture de la succession, à laquelle ils doivent
faire l'apport de leurs biens. Ils invoquent la loi 9, de Coll., dans
laquelle Papinien décide que le fils émancipé doit le rapport à son
propre fils, qui était resté sous la puissance de l'aïeul ; comme
aussi ce fils, avec qui il concourt, devra le rapport de ses biens à
ses frères nés depuis l'émancipation, quand s'ouvrira la succession du fils émancipé, son père, avec lequel il avait précédemment
partagé la première succession, et sous la puissance duquel il
n'était pas tombé.

2º Celui qui a passé dans une famille adoptive. — Le préteur
n'oppose en général la capitis diminutio minima à personne, pas
plus à l'enfant donné en adoption qu'à l'enfant émancipé ; toutefois dans le premier cas, trois distinctions sont nécessaires : — ou
l'enfant adoptif était encore in adoptivà familià, et alors le père
pouvait l'omettre impunément, mais il devait être institué ou
exhérédé par le père adoptif ; — ou il n'était plus dans la famille
adoptive, du vivant du père naturel ; le préteur lui vient alors en
aide par la possession contrà tabulas ou undè liberi qui lui donne
le droit de concourir avec les héritiers siens ; — ou bien enfin
l'enfant est sorti de la famille adoptive après le décès du père na-

turel, et dans ce cas il n'a droit à rien ; c'est pour prévenir ce résultat rigoureux, atténué déjà en partie par le S. C. Sabinien, que Justinien modifia singulièrement les lois de l'adoption, en décidant, contre les principes du droit civil , que l'enfant adopté par un étranger n'en resterait pas moins, quant à ses droits de succession, dans la famille du père naturel, tandis que dans le cas où l'enfant aurait été adopté par un ascendant paternel ou maternel, les principes anciens de l'adoption seraient conservés.

Ceci posé, la collatio est-elle due par l'enfant donné en adoption, qu'Ulpien (l. 1. § 14) suppose venir en vertu d'une possession contrà tabulas ? Non, dit ce jurisconsulte, ce ne sera pas lui qui devra la collatio ; ce sera le père adoptif qui devra l'effectuer pour lui : *non ipse, sed is qui eum habet, conferre cogitur.* C'est qu'en effet, celui qui demandait la possession de biens n'aurait pu rien rapporter, étant alieni juris, tandis que celui en la puissance duquel il se trouvait aurait profité de cet avantage sans souffrir aucune perte ; ce fut pour éviter ce résultat inique, qu'intervint un rescrit de Marc-Aurèle et de Vérus statuant que l'adoptant supporterait les charges des successions dont il recueillerait les bénéfices, et devrait, en conséquence, conférer ses propres biens aux héritiers siens.

Ce résultat pouvait dépasser le but qu'on voulait atteindre ; aussi, pour échapper à cette conséquence, les divi fratres permirent-ils à l'adoptant de se dispenser du rapport, en émancipant son fils adoptif.

Mais nous avons supposé avec Ulpien que l'enfant donné en adoption pouvait, en vertu du droit prétorien, et tant que le père adoptif vivait encore, venir, par la possession contrà tabulas ou undè liberi, à la succession du père naturel. Cette hypothèse d'Ulpien semble contrarier le § 12, liv. III de hæred. quæ ab in-

test. deferunt, qui n'autorise pas dans ce cas l'exercice par l'en-
l'enfant adoptif de ces deux possessions. — Nous pensons que
cette loi vise le même cas que la loi 8. § 11 de bonor. poss. cont.
tab., dans laquelle l'enfant adoptif institué dans le testament du
père naturel voit le testament rompu par l'exercice de la possession contrà tabulas donnée à un héritier sien ou considéré
comme tel, omis dans le testament du père. Le testament se trouvant ainsi rompu par le fait de l'héritier omis qui *committit
edictum*, l'enfant adoptif institué a droit à une possession de
biens, et voit sa part s'augmenter ou diminuer jusqu'à concurrence d'une part virile (l. 8, § 11, de bonor. poss. c. t.) — Si
l'enfant adoptif institué ne demandait pas la possession de biens,
comme l'héritier omis et lui viendraient ex diverso jure, il n'y
aurait régulièrement lieu à la collatio que dans l'opinion de
Scévola.

3º L'aïeul émancipateur est assimilé à l'adoptant dans l'espèce
suivante : Un père émancipe son fils et retient sous sa puissance
l'enfant de ce dernier; si cet enfant vient à la succession de son
père émancipé, il lui est impossible, étant *alieni juris*, de rapporter à ses frères, fils et héritiers siens de l'émancipé. Dans
cette position, et d'après un rescrit de Sévère et Antonin, l'aïeul
serait obligé au rapport, si, comme l'adoptant, il n'avait pas la
ressource d'émanciper son petit-fils, afin de le faire profiter seul
de tout le bénéfice de la possession de biens. Les autres héritiers,
ses frères, avec lesquels il vient concourir, ne pourront se
plaindre de ce qu'il ne rapporte rien à la masse héréditaire, puisqu'ils retrouveront plus tard dans la succession de l'aïeul émancipateur les biens que, d'après le rescrit, ce dernier aurait dû
conférer (l. 5, de Coll.)

II. — *A qui sera fait le rapport?* — La loi 3, § 3, donne la solution de cette question : *Emancipati bona sua conferre cum his qui in potestate fuerunt, jubentur.* Le but du rapport a été d'empêcher que la condition des émancipés fût meilleure que celle des enfants restés en puissance ; le préteur a, nous l'avons dit, voulu prémunir les héritiers siens contre le tort que leur causait la possession de biens accordée aux émancipés, et en conséquence il n'a pas permis à ces derniers de garder par devers eux les gains qu'ils avaient réalisés depuis leur sortie de la famille, en venant concourir au partage des biens héréditaires. Ces principes une fois rappelés, il sera facile de comprendre que le rapport n'était pas dû par les héritiers siens entre eux, si d'ailleurs l'on remarque encore que ceux-ci, ne possédant rien en propre, ne pouvaient en conséquence rien conférer ; ni par les émancipés aux émancipés, puisque tous ils arrivaient à la succession qu'aucun d'eux n'avait contribué à accroître, en vertu de droits identiques et en quelque sorte également exceptionnels, attendu qu'ils étaient contraires au droit civil.

Il ne faut pas oublier que si la collatio n'est autre chose qu'une réparation due par les émancipés aux héritiers siens, ce n'est pas précisément une confusion de leurs biens avec ceux de l'hérédité. Si les biens rapportés eussent en effet été confondus avec les biens héréditaires, chacun des émancipés, lorsqu'il y en aurait eu plusieurs, aurait profité de la collatio opérée par les autres, ce qui ne devait pas avoir lieu.

L'émancipé doit donc, comme nous aurons l'occasion de le dire plus loin, partager les biens qu'il rapporte en autant de parts qu'il y a d'héritiers siens, plus une, qu'il garde pour lui (l. 1, § 24, de Coll.).

Si l'émancipé doit rapporter à ceux qui étaient in potestate à

la mort du de cujus, il ne doit rapporter qu'à ceux auxquels il
enlève quelque partie des biens du père commun. Nous trouvons
dans ce sens la loi 3, § 6, de Coll., où l'émancipé est obligé de
conférer à son fils resté lors de l'émancipation sous la puissance
de l'aïeul ; nous pouvons encore invoquer la loi 1, § 3, de Coll.,
la loi 3, § 4, de bon. poss. c. t. — Nous nous étendrons, au
reste, plus longuement sur cette partie de notre sujet, quand
nous traiterons de quelle manière s'exécute la collatio. — Nous
rappellerons encore que la collatio est due provisoirement et
sauf caution à l'impubère dont on conteste l'état, et qui a obtenu
la possession de biens carbonienne; mais que, par une dérogation à un principe de droit commun devenu presque un axiòme
de droit, le rapport n'est pas dû au posthume sien, bien que la
mère ait été envoyée en possession des biens au nom de l'enfant.

### III. — QUELLES CHOSES SONT OU NON SUJETTES AU RAPPORT ?

Les émancipés doivent rapporter toutes les acquisitions qu'ils
ont faites pendant la vie de leur père, et qui se trouvent dans
leur patrimoine à la mort de ce dernier : « *Ea quæ in bonis
fuerunt eo tempore quo pater fati munus implevit*, dit l'empereur Gordien (C. l. 6, de Coll.). Tel est le principe général
qui domine cette matière, et qui doit être entendu avec certaines
restrictions ou sous certaines modifications empruntées aux
règles ordinaires du droit commun.

C'est ainsi que les émancipés sont même tenus de rapporter
les biens qu'ils n'ont plus, si c'est par leur mauvaise foi qu'ils
ont cessé de les posséder : *Si dolo malo autem factum sit, quo
minùs esset* (l. 1, § 23, de Coll.). Toutefois, la collatio ne serait
pas due par eux si on ne pouvait leur imputer que de n'avoir

pas voulu les acquérir. Cette solution est parfaitement conforme aux principes généraux ordinaires, tels que nous les voyons formulés dans la loi 134, de regulis juris, et une foule d'autres textes, notamment l. 25, § 8, de hœred. petit.

C'est ainsi encore qu'il faut faire aux biens des émancipés l'application de cette règle : *Non sunt bona nisi deducto œre alieno*, et d'après les principes ordinaires, préférer toujours les créanciers aux frères de l'émancipé : « Illud intelligendum ut filium in bonis habere, quod deducto œre alieno superest (l. 2, § 1, de Coll.). » Mais la décision ne devra pas être la même pour les dettes conditionnelles, et l'émancipé devra rapporter tout son patrimoine sans aucune déduction, pourvu, toutefois, que l'héritier donne caution (l. 2, § 1, de Coll.).

Le principe d'après lequel les émancipés devaient le rapport de tout leur patrimoine, tel qu'il se trouvait à la mort du père de famille, ne devait pas s'entendre d'une manière absolue : ainsi sont exceptées de la collatio :

1° Les choses que le fils possédait à la vérité lors du décès du père, mais qu'il a cependant cessé d'avoir sans qu'il y ait de sa faute (l. 2, § 2, de Coll.). Le jurisconsulte Paul justifie ceci par cette considération que c'est à l'arbitrage d'un homme de bien qu'est laissé le soin d'établir équitablement ce qui doit être conféré, comme aussi ce qui ne doit pas l'être ; et que si cet arbitre est animé d'un esprit d'équité, il ne pourra pas contraindre au rapport l'émancipé qui n'a cessé de posséder ni par son dol ni par sa faute. Mais quelle faute l'arbitre devra-t-il prendre en considération ? Ce sera seulement la faute légère, parce que la collatio a été établie tant dans l'intérêt de l'émancipé que dans celui des héritiers siens. (Arg¹. d'analogie tiré du § 4. Inst. quib. mod. re cont. oblig.).

2° Tout ce qui a été donné ou promis au fils, pour soutenir les charges d'une dignité ou pour subvenir à l'achat d'un office (l. 1, § 16, de Coll.); toutefois on distinguait entre ces derniers, suivant qu'ils étaient ou non transmissibles aux héritiers. — Dans ce dernier cas, le fils n'était pas tenu de rapporter; dans le premier cas, il rapportait l'excédant de la valeur qu'avait l'office lors de la mort du père commun, comparée à sa valeur lors du prix d'achat.

3° N'étaient pas également soumis à la collatio, les pécules castrans et quasi-castrans, et en général tout ce qui ne serait pas entré dans le patrimoine du père de famille, si l'émancipé fût resté sous sa puissance. — C'est d'après ce principe que Paul décide (l. 11, de Coll.) que les sommes d'argent qui devaient être payées au fils émancipé après la mort du père, mais qui lui ont été payées avant, et dès lors avant leur échéance, ne doivent être rapportées aux frères restés sous la puissance du père commun, puisque, dit Paul, « post mortem patris non tàm ex donatione quàm ex causâ debiti ea possidere videatur. »

Nous en dirons autant du legs conditionnel (l. 2, § 4. in fin.) et de la donation à cause de mort qui est assimilée au legs (Inst. de Donat., § 1), parce que quand même le fils émancipé eût été en puissance, au moment où le legs lui a été fait, il n'en a pas moins lui-même une action pour réclamer l'objet de son legs, si la condition s'est accomplie après la mort du père; ce legs n'eût donc pas été acquis au père, et comme on ne doit conférer que « ea quæ in bonis fuerunt eo tempore quo pater sati munus implevit, » le fils émancipé ne devra donc pas la collatio.

Et cependant le fils émancipé doit rapporter à la masse ce qui lui est dû conditionnellement, en vertu d'une stipulation (l. 2, § 3, de Coll.), même si la condition ne se réalise qu'après le décès du père. D'où vient la raison de cette différence? C'est que dans les contrats la condition a un effet rétroactif et remonte au jour du contrat; dès-lors c'est au père seul que compète l'action (L. 78, de verb. oblig.). — L. 18, de regulis juris antiqui. — Au reste, ce n'est pas la chose elle-même due conditionnellement, que l'émancipé sera tenu de rapporter; il ne sera obligé que de donner caution (l. 1, § 7, de Coll. dotis).

Ulpien (L. 1, § 18, de coll.) nous donne une solution qui semble contrarier ce qui vient d'être dit ci-dessus pour les legs conditionnels : *si emancipabo*, dit-il, *legatum fuerit cùm pater morietur, etiam hoc conferre debet*. Ceci tient à une distinction subtile entre les termes *cùm morietur et cùm mortuus fuerit*; dans le premier cas, le legs eût été acquis, car l'instant où l'on meurt est encore réputé le temps de la vie, et, par conséquent, le fils est censé avoir eu ce legs à l'instant même de la mort de son père, moment où il se trouvait encore en puissance. Ce texte a été au reste laissé à tort par Tribonien, puisque d'après le droit nouveau des constitutions impériales, le père n'acquérant la pleine propriété que des choses qui proviennent *ex re suâ*, tandis qu'il n'acquiert que l'usufruit des autres (C. l. 6. de bonis quæ liberis in potest.), il est clair qu'il n'aurait eu dans ce cas qu'un usufruit qui aurait pris naissance pour s'éteindre immédiatement.

Contrairement à ce qui avait lieu pour le legs, le fils émancipé n'était pas obligé de conférer le fidéicommis laissé cùm pater *moreretur*; nous en avons un exemple dans l'espèce suivante, pour l'explication de laquelle nous croyons le commentaire d'Azon préférable à celui de Vinianus : Un père institué héritier par un étranger a été grevé envers son fils d'un fidéicommis qui ne sera exigible qu'à la mort de ce père; le fils sera-t-il tenu de le rapporter ? Non, car ce fidéicommis est considéré comme ayant été fait au fils *après la mort* de son père, et n'étant pas dès lors encore dans les biens du fils lorsque le père est mort, ne doit pas être rapporté. Mais pourquoi avoir dans cette espèce interprété les mots *cùm morietur*, d'une manière absolument contraire à l'interprétation de la loi précédente ? C'est pour que le fidéicommis fût valable, puisque personne ne peut être grevé d'un fidéicommis envers celui qu'il a sous sa puissance, à moins que le testateur ne le laisse spécialement pour le cas où il cessera d'être sous la puissance du pater-familiàs (liv. 34, tit. II, l. 16, de auro et argento.)

4° Aux termes de la loi 1, § 20, rapprochée de la loi 3, § 4, de coll., le fils émancipé qui a reçu une dot de sa femme n'est pas tenu de la rapporter, quand bien même la femme serait décédée avant le père commun, et avant qu'il puisse ainsi y avoir lieu à collatio. — Il en est de même du fils en puissance qui prélève aussi la dot de sa femme.

5° Il faut excepter encore tous les biens qui sont de leur nature intransmissibles, comme les droits d'usufruit, d'usage, d'habitation ; l'action d'injures (l. 2, § 4, de Coll.), parce que dans la condemnatio, le demandeur ne poursuit pas tant le recouvrement de dommages-intérêts, que le moyen de se venger de l'injure, et la réparation de l'affront qu'il a eu à subir. — Il ne faut pas en dire autant de l'action *furti* qui est rapportable, parce que la chose qui a été volée reçoit une estimation portée au double ou au quadruple de sa valeur.

L'impubère adrogé qui demande la possession de biens pour venir à la succession de son père naturel, doit-il rapporter à ses frères la quarte Antonine à laquelle il a droit ? La question, dit Ulpien (l. 1, § 21, de Coll.), est de savoir si le père adoptif laisse ou non à son héritier, l'action à l'effet de demander cette quarte. Le jurisconsulte décide que cette action est personnelle, et qu'en conséquence l'héritier sera tenu de rapporter la quarte si le père adoptif est mort.

Si les émancipés sont tenus de rapporter ce qui composait leur patrimoine au décès du père commun, ils ne seront pas tenus de conférer les choses qui sont entrées dans leurs biens après ce décès : « Nec emancipati post mortem communis patris quæsita conferre coguntur (l. 15, C. de Coll) » Nous ferons toutefois deux exceptions à cette dernière règle :

1° Pour le posthume qui n'en sera pas moins tenu de rapporter, bien qu'il ne possédât rien au décès du père, puisqu'il n'était pas né (l. 2, de Coll.).

Pour le fils prisonnier de guerre et revenu après le décès du père; car il reprend par l'effet du *postliminium* l'exercice de tous ses droits en général, et en particulier celui de concourir à la succession du père commun, en rapportant ce qu'il aurait possédé, s'il n'eût été en la puissance de l'ennemi.

## IV. — QUELLE PORTION DOIT ÊTRE RAPPORTÉE?

L'héritier prétorien qui par l'effet d'une possession de biens sera soumis à la collatio, sera tenu en général de rapporter tout ce qu'un héritier sien n'aurait pu prélever; cette proposition ne doit pas s'entendre toutefois dans un sens trop absolu et n'est exacte que lorsque un seul émancipé se trouvera en présence d'héritiers siens. Il ne faut pas oublier que la collatio n'est après tout qu'une réparation due par les émancipés aux héritiers siens; or, si l'on eût confondu les biens rapportés avec les biens héré-

ditaires, chacun des émancipés, lorsqu'il y en aurait eu plusieurs, aurait profité de la collatio opérée par les autres, ce qui
ne devait pas avoir lieu.

Aussi lorsque plusieurs émancipés viennent concourir avec
des héritiers siens au partage de la masse héréditaire, faut-il
corriger la proposition ci-dessus par le principe suivant : l'émancipé partage le bien qu'il rapporte en autant de parts qu'il y a
d'héritiers, plus une qu'il garde pour lui, en abandonnant les
autres aux héritiers siens. De cette manière la collatio ne profite
qu'aux enfants en puissance. (L. 1, § 24, de Coll.)

Ce procédé n'est utile qu'en présence de plusieurs émancipés ;
mais il pourra se faire dans cette hypothèse, que l'émancipé soit
obligé de rapporter une part de ses biens plus considérable que
celle qu'il a à prendre. Paul justifie ceci par cette considération
que l'émancipé qui aurait à s'en plaindre, n'avait qu'à ne pas demander la possession des biens, et à ne pas concourir avec les
autres frères, héritiers siens ou considérés comme tels. Il est probable qu'en cas de concours il espère retrouver et au-delà dans
sa part de la succession paternelle, dont l'importance sera souvent supérieure à la valeur de son patrimoine, l'équivalent de la
fraction plus forte de ses propres biens qu'il est obligé de
conférer.

Telle est l'espèce dans laquelle Paul (l. 2, § 5, de Coll.) suppose trois enfants émancipés et deux enfants en puissance ; chacun
des émancipés devra, dit-il, les deux tiers de ses biens, pour ne
prendre qu'un cinquième de la succession.

Ce mode de procéder qui évite la confusion des biens de l'é-
mancipé avec les biens héréditaires est encore confirmé par la loi
3, § 2, de Coll. — Julien explique très-bien en effet que cette
confusion ferait participer les autres émancipés à l'avantage de la

collatio, ce qui ne doit pas être. — Voici l'espèce qu'il présente : un père a laissé quatre cents, qui doivent être partagés entre deux fils en puissance et deux émancipés; l'un de ces deux émancipés avait cent; l'autre seulement soixante. — Le premier aura donc pour sa part, tout partage effectué, cent trente-trois et un tiers; il aura en effet pris cent dans la succession paternelle, et il aura retenu trente-trois et un tiers dans la totalité de son patrimoine qui se composait de cent. — Le second, par les mêmes raisons, n'aura que cent-vingt.

Nous trouvons toutefois une loi qui semble contrarier le mode de procéder que, d'après Paul et Julien, nous avons analysé ci-dessus. Ulpien, (l. 1, § 3, de Coll.) suppose un fils en puissance institué pour trois quarts, ex dodrante, et un étranger pour un quart. Un émancipé omis demande la possession contrà tabulas, et prend la moitié en excluant l'étranger; il enlève, en conséquence, un quart au fils en puissance; que devra rapporter l'émancipé? Le texte répond : « Emancipatum accipientem contrà tabulas pro quadrante tantùm bona sua collaturum Julianus ait, quia solum quadrantem fratri abstulit. » Ce sera donc en proportion du quart qu'il prend que l'émancipé rapportera.

Mais cette loi paraît tout d'abord contraire à la proposition que nous avons mise en tête de cette section; que l'émancipé en présence d'héritiers siens seulement, doit la collatio de tout son patrimoine. On a voulu, pour expliquer cette antinomie, distinguer entre les successions ab intestat, et les successions testamentaires; dans les premières, a-t-on dit, l'émancipé apportera la totalité de son patrimoine, tandis que dans les successions testamentaires, lorsque l'émancipé arrive à la succession par la possession contrà tabulas, son apport ne s'effectuera qu'en proportion de la part qu'il enlève aux héritiers siens. Mais la loi 3, § 2, vient renverser ce système, puisque Julien suppose précisément un émancipé venant à la succession par la possession contrà tabulas, et qui en rapportant l'ensemble de son patrimoine ne prend que le quart, alors qu'il confère le tiers.

Il semble qu'on doive distinguer si l'héritier concourt ou non avec des étrangers : si l'héritier sien ne concourt pas avec des étrangers, l'émancipé rapportera la totalité de son patrimoine, qu'il vienne par la possession undè liberi ou contrà tabulas ; il faut en excepter toutefois le cas où, par le décès simultané de l'aïeul et du père, il se trouve venir à deux hérédités ( 1, 2, § 6), et ne retenir pas même la part virile à laquelle il a droit dans la première succession, dédommagé qu'il est de la perte de tout son patrimoine par la valeur plus considérable qu'il trouve dans sa portion des deux hérédités réunies.

Mais si l'héritier sien concourt avec des étrangers, comme ce n'est pas l'émancipé qui cause un préjudice à l'héritier sien, mais bien plutôt l'étranger, l'émancipé ne rapportera de ses biens qu'une part proportionnelle à celle qu'il enlève au fils en puissance ; tellement que s'il ne lui enlève rien, et que ce soit l'étranger seul qu'il dépouille par son concours, comme ce dernier n'a aucun droit à la collatio, l'émancipé ne rapportera rien.

Cette loi 1, § 3, de Coll. présente une seconde difficulté d'interprétation. Que doit-on entendre par les mots *pro quadrante* du texte ? On en a donné une explication qui nous parait certainement conforme à l'esprit de la loi, mais qui est peut-être une interprétation plutôt que la traduction littérale de cette phrase d'Ulpien. La part, a-t-on dit, que l'émancipé enlève à l'héritier sien est bien le quart de l'hérédité ; mais ce quart forme le tiers de la part qu'aurait eu l'héritier sien en vertu des dispositions testamentaires ; donc, c'est un préjudice d'un tiers que le

concours de l'émancipé cause à l'héritier sien, et, en conséquence, c'est donc le tiers de ses propres biens que l'émancipé
conférera au suus.

A l'appui de cette opinion, on cite ce qui a lieu lorsqu'il faut
faire l'application de l'édit de conjungendis cum emancip. liberis
ejus. Un fils émancipé a un frère et un fils restés en puissance ;
comme c'est avec son fils seul qu'il concourt, il le dépouille du
quart de l'hérédité ; mais ce quart de l'hérédité est la moitié de la
part du fils ; ce sera donc la moitié de ses biens que lui doit
conférer son père, et non pas seulement le quart, comme on
pourrait le croire, si on s'arrêtait à cette idée, que c'est du
quart de l'hérédité que le père le prive.

Ce sera donc la part héréditaire seule de l'enfant en puissance
qu'il faudra considérer, pour apprécier le quantùm de l'obligation qui incombera à l'émancipé, et non pas l'hérédité tout en-
tière. Sous un certain rapport, cette règle ne semble pas juste,
et rend trop favorable la position de l'émancipé, puisque celui-ci,
s'il n'eût pas été émancipé, n'aurait eu, au décès du père, que
la moitié des biens dont il garde cependant les deux tiers,
d'après la loi 1, § 3. Ses acquisitions seraient en effet venues
augmenter les biens du pater-familias, et eussent été partagées
plus tard par égales portions avec le fils en puissance, son
frère ; il est donc plus favorisé que s'il n'avait pas été émancipé.
Toutefois, les jurisconsultes n'ont fait que suivre le principe
équitable, que nous avons eu l'occasion de répéter souvent,
que la collatio n'est due qu'en proportion du préjudice causé.

Les fils qui viennent par représentation ne doivent compter
que pour une seule tête ; c'est ainsi qu'un oncle ne sera tenu de
rapporter à ses neveux que la part qu'il aurait dû rapporter à
leur père. (L. 7, de Coll.) Et réciproquement, puisque les en-

fants ne comptent jamais que pour une seule tête, quand ils viennent à la succession par représentation de leur père sorti de la famille par l'effet d'une capitis diminutio minima, ils ne rapporteront non plus que ce qu'eût rapporté leur père.

### V. — COMMENT S'EXÉCUTE LA COLLATIO.

La collatio, dit Pomponius, s'opère *aut re, aut cautione* (l. 1, § 11, de coll.). Elle s'opère *re*, lorsque tous les biens de l'émancipé étant connus, celui-ci les apporte dans la masse héréditaire, ou tout au moins compense par un équivalent ce que doit avoir l'héritier sien par l'effet de la collatio ; si, par exemple, « nomen paterni debitoris delegaverit, vel fundum remve aliam dederit pro portione bonorum quæ conferre debuit ( L. 1, § 11, de Coll. ). »

Elle s'opère encore en donnant caution de rapporter : « jubet autem prætor illâ fieri collationem, ut *rectè* caveatur ; » mais toute espèce de caution sera-t-elle suffisante ? Il faut, d'après la loi 3 ( de verb. signif.) distinguer entre la caution simple, nuda promissio, qui n'est autre chose qu'une promesse résultant d'une stipulation, et la caution spéciale qui résulte d'un gage ou d'une fidéjussion. Les mots *rectè caveri* du texte prouvent, suivant la généralité des interprètes, qu'on n'a pas eu en vue ici la caution simple, mais plutôt la caution spéciale. Les commentateurs appuient leur décision sur cette considération que, si l'on avait voulu dans ce cas de la nuda promissio, Ulpien aurait écrit simplement ut caveatur, sans ajouter l'adverbe *rectè*.

Cette garantie nécessaire pour tranquilliser les héritiers auxquels la collatio est due, consistera donc dans des fidéjusseurs ou des gages, comme l'a écrit Pomponius (l. 1, § 9), mais ce texte semble être en opposition avec la loi 7 (D. de stipulat. Prætoris) qui est ainsi conçue : » prætoriæ satisdationes personas desiderant pro se intervenientium ; et neque pignoribus quis, neque pecuniæ, vel auri, vel argenti depositione in vicem satisdationis fungitur. »

Accurse a voulu concilier cette antinomie en proposant d'écrire cogitur fungi au lieu de fungitur ; de telle sorte que la remise d'un gage au créancier ne serait que facultative pour le débiteur, lequel serait tenu néanmoins de donner des fidéjusseurs.

Mais Cujas soutient avec raison que ces deux lois se rapportent à deux hypothèses différentes. Dans la loi 7, le préteur exige spécialement une fidéjussion, tandis que, dans la loi 1, §9, Ulpien se contente d'une garantie suffisante sans exiger absolument, comme l'édit prétorien, la garantie d'un fidéjusseur.

A quelle époque la caution devait-elle être fournie ?

Il y a sur ce point deux opinions différentes que nous trouvons formulées, la première dans Paul (liv. V des Sent., tit. 9, § 4); la seconde dans Julien (l. 3, in princ. de Coll.). D'après Paul, la caution devait précéder la bonorum possessio, et elle était même une condition nécessaire pour l'obtenir ; mais Julien blâme cette manière de procéder, car si l'émancipé venait, dit-il, à mourir avant d'avoir obtenu la possession des biens, il ne laissait rien à ses héritiers, puisqu'il est décédé *pendente conditione* ; il en serait de même si l'héritier sien mourait, puisqu'il lui serait impossible d'obtenir la possession des biens. — Ces raisons ont paru concluantes à Julien qui décide en conséquence que la possession des biens peut être demandée avant de donner caution.

Si l'émancipé s'est engagé à rapporter, il sera sommé de tenir ses engagements, et si après un espace de temps convenable, *nec minimo, nec maximo* (l. 13 et 105, do Solut. et Liber.), il ne les a pas encore remplis, alors « committitur stipulatio », et l'action ex stipulatu compète à ses cohéritiers, auxquels la collatio se trouve due dans les divers cas des §§ 2 et 3 de la loi 5. — Il faut même remarquer que si c'est par son dol que l'émancipé s'est mis dans l'impossibilité d'effectuer la collatio, il sera condamné, aux termes du § 3 de la loi 5, à verser entre les mains de ses cohéritiers une somme équivalente à l'intérêt qu'avaient les héritiers restés en puissance à ce que le rapport fût fait.

Mais quid juris si deux fils émancipés se trouvant en présence d'un fils en puissance et ayant tous les deux demandé la possession des biens, l'un d'eux effectue seul le rapport ? à qui appartiendra la portion du fils émancipé qui n'a pas exécuté la collatio ? Ce sera, aux termes de la loi 2, § 8, l'enfant en puissance qui bénéficiera de cette portion, car c'est en sa faveur qu'on refuse les actions au fils émancipé qui ne veut pas rapporter.

Il peut se faire qu'après avoir donné caution, le fils émancipé ne demande pas la possession des biens. Julien décide que dans cette position « ipso jure tutus erit » contre l'action ex stipulatu que pourraient intenter contre lui ses cohéritiers, action qui dérive de la caution qu'ils ont stipulée pour leur garantie. — Et puisque l'émancipant, d'après un droit que Papinien lui reconnaît (l. 8, de Coll.) ne peut plus vouloir participer à l'hérédité paternelle, il pourra aussi, s'il a déjà effectué la collatio, reprendre ce qu'il a donné par la condictio sine causâ.

Si l'émancipé qui avait demandé la bonorum possessio, ne conférait pas ses biens en nature, ou ne donnait pas caution de rapporter, on avait des moyens indirects pour le forcer de satisfaire à l'édit, et à cet égard on distinguait si c'était *per inopiam*, ou *per contumaciam* qu'il ne conférait pas. Nous ferons l'application de ces deux hypothèses dans l'espèce suivante : Un émancipé se trouve en concours avec deux fils en puissance ; après avoir demandé et obtenu la possession de biens, il exécute ses engagements à l'égard de l'un d'eux, tandis qu'il ne veut ou ne peut les exécuter à l'égard de l'autre.

1° C'est *per contumaciam* qu'il n'exécute pas la collatio à l'égard de l'un des enfants en puissance ; dans cette hypothèse, on lui refusera toutes les actions héréditaires ; l'arbiter familiæ erciscundæ ne le prendra pas en considération dans le partage, et le préteur ne lui accordera pas même des actions utiles pour la portion d'hérédité, le sixième dans l'espèce, à laquelle il semblerait qu'il aurait droit, puisqu'il a conféré à l'un des fils en puissance : *Si quidem per contumaciam non caveat, totius trientis et denegandas actiones.* (L. 1, § 13, de Coll.)

Cependant, comme « consilium mutare, sapientis est, » l'émancipé qui aurait par opiniâtreté refusé la collatio peut, d'après Papinien (l. 8, de Coll.) revenir sur sa détermination, et en satisfaisant à l'édit, rendre efficace la bonorum possessio qu'il avait demandée. Toutefois, sa détermination nouvelle serait tardive et plus difficilement accueillie si elle se manifestait plus d'un an après que la possession des biens a été obtenue. Papinien pense cependant que la déchéance que l'écoulement du délai pourrait faire encourir ne serait que comminatoire, « nam benignior est diversa sententia, maximè cùm de bonis parentis inter fratres disputetur. »

2° *Per inopiam.* — Si c'est par impuissance que l'émancipé ne donne pas caution de rapporter, Paul nous dit (l. 2, § 9) qu'on ne doit pas pour cela le dessaisir de la possession des biens, mais plutôt qu'on doit la lui conserver et attendre qu'il ait trouvé des garants. Pendant ce temps les choses susceptibles de se détériorer seront données aux enfants en puissance, et ceux-ci devront donner caution de les rapporter à la masse, si plus tard l'émancipé vient à trouver des garants.

Mais si la portion de l'émancipé qui per inopiam ne peut conférer, n'est pas, comme dans le cas précédent, donnée aux héritiers siens, comment donc procédera-t-on au partage? D'après la loi 1, § 10 et 13, de Coll., le préteur constituera un curateur à la portion de l'émancipé, et celui-ci ne pourra réclamer cette portion que quand il aura satisfait à l'édit, à quelque époque que ce soit que sa pauvreté lui permette d'exécuter la collatio, et sans qu'aucun délai écoulé puisse lui faire encourir de déchéance (Com. de Barthole).

Celui qui ne peut pas par impuissance satisfaire à l'édit est traité moins rigoureusement que celui qui ne veut pas y satisfaire par opiniâtreté; c'est ainsi que dans l'espèce que nous avons posée ci-dessus, le fils émancipé qui aurait satisfait à l'édit par rapport à l'un des fils en puissance, sans pouvoir exécuter la collatio par rapport à l'autre, aurait néanmoins action pour un sixième de l'as, tandis que dans le même cas celui qui aurait refusé d'exécuter la collatio par opiniâtreté n'aurait l'exercice d'aucune action pour le tiers, c'est-à-dire pour le tout.

Nous rappellerons en dernier lieu qu'outre le rapport en nature, ou par le moyen d'une caution, la collatio pouvait encore s'effectuer par compensation, au moyen d'un équivalent, comme le dit la loi 1, § 12, de Coll., en laissant dans la masse héréditaire une somme égale à celle qui devait revenir à l'héritier sien, en déléguant, par exemple, au suus sa part d'une créance sur un débiteur de la succession.

# COLLATIO DOTIS.

La femme, dans les premiers temps de Rome, se trouvant généralement *in manu mariti*, et son mari ayant sur elle les droits de l'autorité la plus absolue, il ne pouvait être question pendant cette période, de la collatio dotis, la collatio ordinaire n'existant pas encore d'ailleurs. En vertu des trois modes constitutifs de la manus, la femme était en effet, comme toute autre chose mobilière, la propriété de son mari, qui devenait aussi dominus dotis par voie de conséquence. Mais lorsque la femme ne subit plus la manus, ce qui après avoir été longtemps l'exception, devint plus tard la règle, surtout dans la décadence des mœurs, les femmes divorcées n'en étaient pas moins forcées de laisser leur dot entre les mains de leur mari qui s'en trouvaient toujours propriétaires. C'est alors que le préteur, dans un but de protection et d'ailleurs d'intérêt public, afin que la femme pût se remarier et donner de nouveaux enfants à la patrie, leur accorda l'action rei uxoriæ qui devait suppléer à l'insuffisance de l'action ex stipulatu du droit civil, pour réclamer leur dot après le divorce, comme aussi en vertu d'une extension qui eut lieu plus tard, après le prédécès du mari.

Dans cet état de choses, il est facile de comprendre que le préteur ait étendu à la dot les principes de la collatio, car il n'était pas juste que la fille vînt concourir avec les frères au partage de la masse héréditaire, sans rapporter sa dot qui, par une faveur toute spéciale, ne faisait pas partie du patrimoine paternel, même lorsque la fille était restée in potestate patris.

Le titre dont nous allons analyser les principales difficultés présente avec le précédent certaines analogies et certaines différences ; mais le principe d'équité qui domine l'ensemble des matières de la collatio, doit être ici envisagé à un point de vue tout spécial et propre aux matières que nous allons étudier. Il semble, en effet, que les jurisconsultes romains, tout en restant fidèles aux principes originaires de la collatio, se soient appliqués à la fois dans leurs décisions et à prémunir les héritiers siens contre le préjudice causé par le concours de la fille dotée au partage de la masse héréditaire, e. à consacrer en même temps entre les descendants un système d'égalité qui commençait à se faire jour à cette époque. La collatio n'est pas ici un simple *apport* des biens propres à celui qui vient concourir à la succession, et qu'il a acquis en dehors d'elle ; c'est un *rapport* des biens qui faisaient précédemment partie de la masse héréditaire, et qui y sont apportés de nouveau après la mort du pater-familiàs.

### I. — DANS QUELS CAS LES FEMMES SONT SUJETTES AU RAPPORT DE LA DOT.

La collatio dotis doit être effectuée, toutes les fois que les filles viendront à la succession ab intestat de leur père, soit en vertu du droit prétorien, et par l'effet des possessions de biens undè liberi ou contrà tabulas, d'après les principes ordinaires de la collatio bonorum ; soit encore en vertu du droit civil, lorsque la fille est hæres sua ; celle-ci, dit la loi 1 de Dot. coll., sera tenue de rapporter sa dot, si elle s'immisce dans la succession, en vertu de l'action qu'intenterait contre elle à cet effet l'arbitre qui doit statuer sur le partage de la succession (l. 8 de Coll. C.).

Mais si la fille a été instituée héritière par le testament de son père, elle ne sera pas tenue de rapporter sa dot à ses frères qui sont ses cohéritiers, à moins toutefois que le père n'ait manifesté une volonté contraire. Telle est l'opinion de Papinien (l. 35, Famil. ercise.) que nous rapprochons de celle d'Ulpien (liv. 3, de Coll. dubis) : « si filia instituta fuerit, collatione dotis non fungetur. » Nous avons vu qu'il en est de même pour la collatio bonorum, et nous pouvons dès lors poser en règle que s'il n'y a pas de disposition contraire dans le testament, l'enfant est considéré comme un étranger que le testateur eût institué, et n'est pas plus que lui soumis à la collatio.

Donc, si d'après la loi 3 de Coll. dot., la fille instituée héritière n'est pas obligée de rapporter sa dot, c'est que venant à la succession comme un étranger le ferait, *ex judicio defuncti*, elle ne porte pas plus préjudice aux héritiers siens que l'étranger qu'eût institué son père.

Elle n'est pas tenue non plus de conférer sa dot, quand le testament dans lequel elle a été instituée étant infirmé par l'effet d'une possession contrà tabulas accordée à un émancipé omis, elle demande elle aussi la possession contrà tabulas, « nam quod habuit ex judicio patris, convertitur ad contrà tabulas possessionem. »

Si toutefois elle vient à recueillir par l'effet de la possession contrà tabulas plus que le testament ne lui attribuait, alors comme elle cause un préjudice aux héritiers siens, elle doit les indemniser du tort qu'elle leur cause, à moins qu'elle ne se contente de la portion moindre qui lui était fixée par le testament; *nisi fortè fuerit portione ex quà instituta est* (l. 3, de Coll. dot.).

## II. — ENTRE QUELLES PERSONNES A LIEU LE RAPPORT DE LA DOT ?

Si la fille instituée héritière n'est pas tenue de rapporter sa dot, excepté quand la portion pour laquelle elle a été colloquée dans le testament du père, est inférieure à ce qu'elle a pu obtenir par l'exercice de la possession contrà tabulas, il ne faudrait pas, ce semble, adopter la même solution pour le cas où la fille instituée héritière, a été donnée en adoption; elle rapporterait dans cette hypothèse comme si elle eût été émancipée « non solùm bona sua, sed et dotem quæ ad eam pertinere poterit, dit en effet la loi 2, de Coll. dot. »

Cette décision de Gaius a amené certains commentateurs à penser qu'il y avait deux cas où la collatio devait être effectuée dans les successions testamentaires. Le premier se présentera quand le testateur l'aura expressément ordonné; le second, dans l'espèce ci-dessus, quand la fille aura été donnée en adoption. Azon et Accurse pensent qu'il s'agit ici ou bien d'une fille instituée par un étranger, et qui vient à la succession de son père naturel mort intestat, ou bien d'une fille instituée héritière par son père naturel, et qui est tenue de conférer, parce que sa portion vient à s'augmenter plus tard par l'effet de la possession contrà tabulas, après la rupture du testament de son père naturel arrivée « commisso per præteritum edicto. » Ce serait dans le premier cas l'application des principes ordinaires de la collatio, tandis que la seconde explication que nous croyons être la meilleure peut se justifier par la loi 3, in fine.

Nous venons de raisonner dans l'hypothèse où le père adoptif étant mort, la fille adoptée serait forcée de rapporter ses biens et par cela même sa dot; il est évident que si le père adoptif vivait encore, ce serait lui qui serait tenu de rapporter, comme nous l'avons vu (l. 1. § 14 de Coll. bon.), et comme le décide aussi Gaius ( l. 2 de Coll. dotis in fine).

D'après les règles ordinaires de la collatio, la fille émancipée

est tenue de rapporter tous ses biens, et par cela même sa dot,
qui n'est qu'une partie intégrante de ses biens ; mais contrairement aux principes de la collatio bonorum, la fille, même hæres
sua, devait aussi rapporter ses biens à ses co-héritiers. Nous
trouvons une application de cette règle de la collatio dotis, dé-
rogative de la collatio bonorum, dans la loi 12 C. de Coll.

Toutefois, comme la dot donnée ou promise par son père à sa
fille, n'est plus dans les biens du père de famille, comme le décide explicitement Tryphoninus, d'après un rescrit de Marc-
Aurèle, nous en tirerons cette conséquence que l'émancipé qui
vient à la succession de son père partager avec ses frères les biens
héréditaires, ne sera pas forcé de rapporter la dot qu'il a promise
à sa fille (l. 1 , § 6, Coll. dotis).

La fille doit le rapport de ses biens à ses frères, restés en sa
puissance; mais par analogie de ce qui avait lieu pour la collatio
ordinaire, elle ne doit effectuer le rapport que si par son concours elle cause un préjudice aux héritiers siens, et en proportion du préjudice causé. La nécessité de ce préjudice pour donner
lieu au rapport, ressort d'une manière explicite de la loi 3, in
fine, de Coll. dotis, dont nous avons déjà eu occasion de dire
un mot.

Toutefois, la fille ne rapportera qu'à ses frères qui concourent
conjointement avec elle pour la même portion de la succession.
C'est ainsi qu'en supposant un petit-fils et une petite-fille dotée,
concourant avec un oncle, frère de leur père, à la succession de
leur aïeul, nous déciderons que la petite-fille ne devra rapporter
sa dot qu'au petit-fils, son frère, et non à son oncle, qu'elle soit
émancipée ou hæres sua; avec cette différence que si elle est
émancipée, elle devra rapporter à son frère, outre sa dot, tous
les autres biens qu'elle pourrait posséder, tandis que si elle est

hæres sua, elle ne pourra rapporter que sa dot, puisqu'elle ne possède pas autre chose (l. 1, § 2. Coll. dotis).

Mais si la petite-fille n'avait pas de frère, elle devrait alors rapporter sa dot à son oncle; et si celui-ci était mort, ce serait aux enfants de ce dernier, avec lesquels elle viendrait dès lors concourir, qu'elle devrait faire l'apport de sa dot (l. 1. § 3 et § 4 de Coll. dotis). Ce serait, en un mot, aux diverses personnes prises dans la catégorie des héritiers siens, et auxquelles son concours viendrait causer un préjudice, que la fille doit faire l'apport de sa dot.

Il en était ainsi dans le droit des Pandectes; mais nous trouvons au Code une loi (l. 4 de Coll. C.) qui apporte aux anciens principes une sérieuse modification. Ce n'est plus seulement aux frères restés en puissance que la fille émancipée doit faire l'apport de sa dot; c'est aussi, et dans une certaine mesure, aux frères émancipés. Ces derniers n'ont droit toutefois qu'à la dot profectice (ex re patris), tandis que les frères rest s en puissance ont droit à la fois et à la dot profectice et à la dot adventice. Ce ne fut qu'après beaucoup de discussions entre les jurisconsultes, *post varias prudentium opiniones*, comme le rapporte Gordien (l. 4, C. de Coll.), qu'on s'arrêta à cette distinction, afin de favoriser les enfants en puissance. On pensait probablement que la dot profectice n'était pas irrévocablement sortie du patrimoine paternel; en effet, si le mariage venait à se dissoudre par la mort de la fille dotée, la dot revenait à l'ascendant qui l'avait donnée, tandis que la dot adventice devenait en général, et sauf clause contraire stipulée par le donateur, la propriété du mari.

On cherchait déjà à cette époque à reconstituer, autant que possible, le patrimoine du père, en ajoutant les biens donnés à ceux qu'il possédait à sa mort, afin de diviser ensuite la masse héréditaire, aussi exactement que possible, entre tous les enfants, quels qu'ils fussent. Un système d'égalité commençait donc à se faire jour dans la dernière période du droit romain ; mais il faut remarquer cependant que ce n'était pas là une idée prédominante et théorique chez les jurisconsultes Romains qui se sont attachés bien plus à réparer le préjudice que pouvait causer aux héritiers siens le concours des fils émancipés et de la fille dotée ; laquelle, sous le rapport de sa dot, semblait être aussi hors de la famille, puisque la dot, qu'elle fût donnée ou simplement promise, était hors du patrimoine du père.

Disons au surplus que la dot promise ou donnée ne doit être rapportée qu'autant qu'elle doit appartenir à la femme qui pourrait, par exemple, la réclamer après la dissolution du mariage, en intendant l'action rei uxoriæ.

La femme n'est encore tenue de rapporter sa dot que si le mari est solvable ; s'il est insolvable, la femme ne rapportera que ce qu'elle pourra obtenir par l'exercice de l'action rei uxoriæ intentée contre son mari : « Quod si jàm factum divortium est, et maritus non sit solvendo, non debebit integra dos computari mulieri, sed id quod ad mulierem potest pervenire, id est quod maritus facere potest (l. 1, § 6, de Coll. dotis, — source de l'art. 1573, C. N.) » Cette solution qu'Ulpien nous donne ici ne prévalut pourtant ni dans la doctrine ni dans la pratique, et la femme était tenue de rapporter intégralement sa dot, sauf à moins prendre dans la succession paternelle. — L'opinion d'Ulpien ne fut consacrée plus tard que par Justinien dans la Novelle 97, chap. VI.

Nous ferons remarquer en terminant cette section, que la fille même, héritière sienne, n'était pas tenue de rapporter sa dot, si elle ne s'immisçait pas dans la succession, et si elle s'en tenait à sa dot. Cette solution avait été longtemps controversée ; mais Marc-Aurèle avait établi par un rescrit que la dot étant un pécule étranger à la masse héréditaire, appartient à la fille et non pas au père, même lorsqu'elle a été simplement promise et n'est pas encore payée. Cette opinion prévalut dans la doctrine et dans la jurisprudence, comme nous le dit Tryphoninus, 1. 9. de Coll. dotis.

### III. — COMMENT S'EFFECTUE LA COLLATIO DOTIS.

Comme la collatio bonorum, elle se fait *aut re, aut cautione, aut minùs capiendo.*

Pas plus que la collatio ordinaire, elle ne pouvait profiter aux enfants émancipés, au moins dans le premier état du droit ; c'est pour éviter ce résultat que la fille gardait par devers elle une portion de sa dot : « Dotis quoque collatio, dit Ulpien, in eumdem modum fiet, ut quicumque confert, etiam suam personam muneret in partibus faciendis. »

La dot n'était rapportée que déduction faite des dettes et des dépenses nécessaires et utiles ; les dépenses voluptuaires n'étaient pas prises en ligne de compte (l. 1, § 5, Coll. dotis).

La dot est *dicta, promissa* ou *data.* La diction consiste en des paroles solennelles par lesquelles le père déclare qu'il donnera telle chose pour la dot de sa fille. La promesse n'est que l'application, au cas de la dot, des termes sacramentels de la stipulation. Tandis que la dation qui rend le mari propriétaire de la dot, s'opère ou par mancipation et cession juridique, quand la dot comprend des choses mancipi ; ou par tradition, si la dot comprend des choses nec mancipi.

1° La dot est constituée *per promissionem,* et n'a pas été

payée avant le décès du père ; la collatio consiste dans ce cas à libérer chacun des héritiers de la portion de dette qu'il avait à sa charge, par le fait seul de leur qualité d'héritier ; « dos ità conferenda est, ut pro portione fratres à necessitate præstandæ dotis liberentur (l. 2, C. de Coll.)» Il en était ainsi quand la dot avait été promise par le père à sa fille ; mais si la dot, au lieu d'être promise à la femme, avait été promise par le père au mari, lui seul pouvait dès lors exercer contre le père ou ses héritiers la condiction pour se faire délivrer la dot, comme aussi lui seul aurait pu en faire la remise ; la collatio dotis se faisait dans ce cas minùs capiendo, et par analogie de ce qui avait lieu, quand la dot avait été promise à la femme conditionnellement, celle-ci devait, par le moyen d'une caution, garantir ses frères contre la poursuite du mari ;

2° La dot est *data*; le mari en est dès lors propriétaire, et la femme ne peut évidemment jamais effectuer la collatio en nature. — Le rapport dans ce cas ne peut avoir lieu qu'en mains prenant, ou en donnant caution de rapporter, soit après le divorce, soit après le décès du mari ; en un mot, après la dissolution du mariage, de quelque manière qu'elle ait lieu.

Si lors du décès du père, le mariage était dissous, la femme ayant recouvré sa dot, rien n'eût empêché d'effectuer la collatio, soit re, soit minùs capiendo. — Et il faut même remarquer à ce sujet que si la femme était en retard de conférer sa dot, elle était obligée aux termes de la loi 5, § 1, de Coll. dotis, d'en rapporter les intérêts à la succession viril boni arbitratu, car, dit Papinien, le frère émancipé rapporte aussi les fruits de ses biens.

# DONATION ANTÈ NUPTIAS.

Avant d'entrer dans le détail des modifications apportées par les constitutions impériales à la matière de la collatio, il nous paraît indispensable, pour ne pas scinder l'exposé de ces diverses modifications, de dire un mot de certaines donations qui furent également soumises au rapport dans le droit du Bas-Empire.

La donation antè nuptias, « quæ veteribus quidem prudentibus penitus erat incognita, posteà quidem à junioribus divis principibus introducta, » ( Inst. liv. II , tit. 7, §3 ), est une libéralité que la femme recevait de son futur époux avant le mariage et pour sûreté de sa dot. C'était en quelque sorte une compensation de la jouissance des biens dotaux de la femme, qui étaient conférés au mari en vertu d'une mancipation, d'une stipulation, ou d'une simple diction, sauf restitution toutefois dans les cas prévus par la loi. De même que la dot était apportée par la femme pour soutenir les charges du mariage, de même le mari apportait pour le même usage la donation antènuptiale, et de même encore qu'en vertu des conventions matrimoniales, le mari pouvait avoir quelque gain de survie à retenir sur la dot, la femme pouvait également, à la dissolution du mariage, réclamer sur la donation antènuptiale un avantage proportionnel. — Mais cette égalité proportionnelle dans les gains de survie qui résultait d'une constitution de Léon et Anthémius, fit place, sous Justinien , et en vertu de la Novelle 97 ; cap. I , à une égalité absolue , numérique.

La donation antè nuptias devait toujours avoir lieu avant les noces, comme son nom l'indique ; mais il pouvait se faire que la dot fût augmentée pendant le mariage. Il n'existait plus , dès lors, cette sorte de parallélisme qu'on avait voulu établir entre la dot et la donation anténuptiale, laquelle était en quelque sorte la dot du mari ; aussi Justin, le prédécesseur de Justinien, décida-t-il que si la dot était augmentée pendant le mariage, on pourrait également, dans les mêmes circonstances, augmenter la donation antè nuptias. Le nom ne se trouvait plus dès lors, comme le dit Justinien, conséquent avec la chose ; aussi cet empereur supprima-t-il la dénomination impropre de donatio antè nuptias, pour lui substituer celle de donatio propter nuptias.

La donation propter nuptias, assimilée déjà à la dot sous plusieurs rapports, le fut encore sous celui de la collatio ( l. 29, C. de inoff. test. ), et l'on dut sans doute appliquer à cette sorte de donation les règles de la collatio dotis. Nous trouvons, en outre, au Code, l. 17, de Coll., une constitution de l'empereur Léon qui oblige au rapport de la donation, soit l'épouse à laquelle la donation se trouve faite directement, soit l'époux lui-même auquel on la fait pour servir de compensation à la dot qui est donnée à l'épouse par les parents de celle-ci.

Cette sorte de donation fut encore assimilée à la dot sous un autre rapport, comme il ressort des termes d'une constitution de l'empereur Zénon, l. 29, C. de inoff. test. La donation antè nuptias dut, comme la dot, s'imputer sur la quarte, et les héritiers du sang qui se trouvaient avoir reçu une libéralité de cette nature, dont la quotité était égale à la quarte, ne pouvaient en présence d'un étranger institué, intenter une action en rescision du testament, au moyen de la querela inofficiosi testamenti. Il n'en était ainsi toutefois que si les biens composant la donation ou la dot avaient été pris précédemment sur les biens de celui dont il s'agissait de partager l'hérédité.

Remarquons, en terminant, que la donation propter nuptias

ne doit pas être confondue avec les donations entre fiancés, sponsalitia, qui sont de véritables donations entre-vifs, tandis que les premières n'ont d'existence et d'effet qu'après le mariage, dont elles dépendent comme d'une condition tacite.

## INNOVATIONS INTRODUITES PAR LES EMPEREURS ROMAINS.

Si l'on se place à un certain point de vue, on peut dire que le principe qui a donné naissance à la collatio est né d'une altération dans le système de droit civil constitutif de la famille romaine. Il est même à remarquer, et nous verrons ci-après qu'à mesure que des altérations nouvelles et successives vinrent plus tard ébranler encore l'autorité du pater-familias excessive aux premiers âges de la république, la collatio dut se transformer et s'appliquer dans un plus grand nombre de cas. Le droit primitif de Rome tendit chaque jour à s'effacer davantage, à mesure que sous l'influence des idées philosophiques, du christianisme et de la décadence des mœurs, la personnalité du fils commença à ne plus se confondre avec celle du chef de famille, son père.

L'introduction des pécules permit en effet de constituer au fils une position propre et indépendante à côté de son père, et celui-ci ne fut plus exclusivement le seul propriétaire dans la famille. Il en résulta que la collatio dut s'étendre à une moins grande quantité de biens.

L'ancien droit civil, ou la loi des Douze Tables, s'occupait moins de chercher des successeurs au défunt que d'en choisir un petit nombre parmi les membres de la famille. En effet, les héritiers siens étaient placés en première ligne, quand l'hérédité n'était pas déférée par testament, et dans ce dernier cas, les institués seuls se trouvaient héritiers. A défaut d'héritiers siens, c'étaient les agnats, et en troisième ligne les gentiles ; mais après eux nul ne succédait, les biens passaient au fisc.

Le droit prétorien, au contraire, s'attacha à ne pas laisser le défunt sans successeur, « ne quis sine successore moreretur » (Inst. de bonor. poss., § 2). C'est ainsi que les préteurs tendirent à corriger, à compléter le système de la loi des Douze Tables, en donnant une extension plus équitable au droit de succession.

Les adoucissements successifs apportés aux rigueurs de l'ipsum jus furent complétés encore par les constitutions impériales, et sous les empereurs chrétiens, la famille civile fit peu à peu place à la famille naturelle, telle qu'elle existe d'après les liens du sang. Il est évident, dès lors, que la collatio fut due par un plus grand nombre de personnes, puisque, parmi celles qu'un droit postérieur et plus équitable appela au partage des biens du même ascendant, beaucoup n'étaient que des étrangères selon les règles du droit primitif.

Ainsi, d'un côté, restriction de la collatio sous le rapport des biens, mais extension de cette même collatio sous le rapport des personnes; telles sont les conséquences des diverses dérogations apportées successivement à la matière, et que Justinien consacra plus tard, en les modifiant dans la Novelle 18.

Il est facile de comprendre, en effet, qu'après tous ces changements opérés, le système de succession introduit par la loi des Douze Tables, ne devait plus être dans le Bas-Empire qu'une de ces règles générales nécessitant des exceptions nombreuses et sans cesse renouvelées. Aussi Justinien crut-il devoir réunir dans un tout homogène les divers matériaux d'une législation créée en quelque sorte pièce à pièce, et substituer un système uniforme à celui que tant de dérogations successives avaient compliqué et dénaturé. Tel fut l'objet de la Novelle 18.

Mais au milieu de tous ces bouleversements juridiques, qu'é-
tait devenue la collatio? Au point où nous sommes arrivés, les
premiers principes de la collatio commencent à subir une transformation qui ne se réalise entièrement que dans la dernière période du droit du Bas-Empire. Le principe d'égalité entre les
divers cohéritiers, principe que nous avons vu poindre, en étu-
diant le rapport que la fille mariée devait faire de sa dot, s'est
développé et a fini par se substituer à l'idée première qui avait
donné naissance à la collatio bonorum. Nous retrouverons en
effet, plus loin, ce système formulé dans la législation de Justinien.

### Restriction de la collectio sous le rapport des biens.

*Qui in potestate nostrâ est, nihil suum habere potest,* disait
Gaius dans ses Institutes, Com. II, § 87. Tel était, en effet, le droit
primitif, et cette conséquence des principes constitutifs de la famille civile n'admettait ni exception ni modification. La rigueur
de ce droit n'était adoucie que par l'usage où étaient les pères de
famille de laisser à leurs enfants une certaine portion de biens,
dont ils avaient l'administration, mais qui faisait toujours partie
intégrante du patrimoine du pater-familiàs.

Mais dès les premiers temps de l'Empire, lorsque des priviléges
de toute nature étaient prodigués aux soldats, il s'établit en faveur des fils de famille un pécule qu'on appela le pécule *castrans,*
et qui se composait de tout ce qu'un fils de famille recevait en
partant pour l'armée, comme aussi de tout ce qu'il acquérait ensuite dans les camps. Le pécule castrans ne se confondait pas
avec les autres biens de la succession paternelle, et les fils de
famille en conservaient la propriété absolue : filii familiàs in cas-

trensi peculio vice patrum familiarum funguntur, dit Ulpien, de Sen. cont. Macedon. liv. 14, tit. 6, § 2. — Toutefois, l'idée que ce passage d'Ulpien consacre et qui était passée à l'état d'axiome de droit, ne doit pas être prise d'une manière trop absolue, puisque si le fils de famille ne disposait pas de son pécule par testament, il revenait au père de famille par une sorte de postliminium, « similitudine cujusdam postliminii, » dit Tryphoninus, l. 19, § 3, de castrensi peculio.

Plus tard, et à l'imitation du pécule castrens, Constantin créa un autre pécule, qui fut appelé pécule *quasi-castrans*. Il comprenait les biens qu'acquéraient, pendant leurs fonctions, les fils de famille *palatini*, lesquels étaient attachés par différentes fonctions au palais du prince, et dont l'énumération se trouve dans la constitution de cet empereur. Les empereurs qui succédèrent à Constantin, étendirent la faveur du pécule quasi-castrans à d'autres fonctionnaires que ceux que mentionnait primitivement la constitution de Constantin, notamment aux avocats, aux évêques, aux chefs de presbytères et aux diacres orthodoxes. Justinien y fit entrer, en dernier lieu et en règle générale, tous les fils de famille, qui stipendia vel salaria publica percipiebant; et il est même à remarquer que la fille de famille elle-même pouvait, comme le fils de famille et au même titre, avoir en sa possession un pécule quasi-castrans, comme cela résulte de la loi 7, C. de bonis quæ lib. in potest.

Toutefois, le pécule quasi-castrans ne fut pas, au moins à l'époque de sa création, assimilé au pécule castrans; la faculté d'en disposer par testament, accordée en effet à quelques fils de famille seulement, ne le fut plus tard et d'une manière générale que sous Justinien, qui assimila complétement les deux pécules; C. qui test. facere possint, l. 6, § 12; de telle sorte que les fils

de famille étaient considérés comme chefs de famille pour ce pécule aussi bien que pour le pécule castrans.

A côté de ces deux pécules en existait encore un troisième, appelé *paganum* ou *adventice*, dont l'origine remonte aussi à une
constitution de Constantin, et qui se composait de la nue-pro-
priété des biens que les fils de famille recueillaient dans l'hérédité
maternelle. Le père n'avait sur ce pécule qu'un droit d'usufruit.
Arcadius et Honorius y firent entrer toutes les choses qui, soit
par succession, soit par libéralité, étaient laissées au fils de famille par sa mère et ses ascendants maternels; plus tard, Théodose et Valentinien, Léon et Anthémius après eux, étendirent ce
pécule à tout ce qui était donné par un fiancé à sa fiancée, et réciproquement, par un époux à l'autre. Justinien, enfin, décida que
ce pécule embrasserait toutes les acquisitions diverses que, par
quelque cause que ce fût, les fils de famille pourraient réaliser, à
l'exception, néanmoins, des diverses choses qui composent les
deux autres pécules, et de ce qui provient *ex re patris*.

Il faut, en effet, dans la législation de Justinien, distinguer les
acquisitions du fils de famille, suivant qu'elles proviennent ex re
patris ou de toute autre cause  Les premières sont toujours dans
le patrimoine du père; elles se partagent, à sa mort, entre tous
ses enfants, comme tout autre bien compris dans la masse héréditaire, tandis qu'à l'exception du droit d'usufruit qu'a le père
sur le pécule adventice, toutes les autres acquisitions du fils lui
restent parfaitement propres et ne sont pas soumises à la collatio,
comme nous le voyons dans la loi 21, C. de coll., que nous rapprochons de la loi 6, C. de bonis quæ lib. in potest. Justinien
distingue dans ces deux lois entre les choses qui sont la propriété
personnelle du fils et celles qui, bien que laissées à quelque titre
que ce soit entre les mains du fils, font néanmoins partie du pa-

trimoine du père ; il décide que la collatio ne peut avoir lieu pour
les premières, tandis qu'elle a lieu pour les secondes ; « ità et
alias res quæ minimò parentibus adquiruntur, proprias liberis
manere censemus. »

### Donations simples.

A côté de ces pécules et au nombre de ces biens qui constituent
pour le fils un patrimoine indépendant, et qui ne sont pas, à ce
titre, soumis à la collatio, nous placerons encore les donations
dont nous allons nous occuper actuellement ; donations dont la
cause n'étant pas nécessitée par telle ou telle circonstance, n'avait
pas reçu de nom particulier qui pût la désigner spécialement.

Une donation de cette nature n'eût été, sous l'empire du droit
civil primitif, qu'un pécule dont le père aurait laissé à son fils
l'administration et la jouissance, sa vie durant, mais dont il aurait toujours pu disposer par testament, ou qui se serait divisé
entre ses enfants, s'il fût mort intestat. Mais, plus tard, sous
l'empire d'une législation moins rigoureuse, le père de famille put
transporter valablement le dominium des choses dont il faisait
donation.

C'est ainsi que Dioclétien et Maximien décident (l. 18, C. famil.
ercisc.) que la fille en puissance à laquelle le père de famille a
acheté un fonds, peut le retenir à la mort du père de famille, sans
que ses cohéritiers puissent réclamer leur part sur le fonds acheté,
lorsque le père aura confirmé cette donation en ne manifestant
pas de volonté contraire. Nous trouvons toutefois au Code ( de
Coll., l. 13) une seconde constitution des mêmes empereurs qui
semble contredire la première, et dans une espèce qui paraît au
premier abord semblable, donner une solution différente.

Les commentateurs ont cherché à concilier ces deux textes, en expliquant que dans la loi 13 C. de Coll., il n'était question que d'une sorte de pécule que le père a pris sur ses biens propres pour le donner à la fille, et qui fait toujours partie de son patrimoine; tandis que la loi 18, C. famil. ercisc. vise un cas tout différent, celui où le père a acheté un fonds pour sa fille, « ejus nomine fundum emit », et qu'il a, dès lors, entendu lui appartenir exclusivement. Si donc, plus tard, ses dispositions de dernière volonté ne viennent pas manifester une volonté différente, le juge de l'action familiæ erciscundæ devra adjuger ce fonds à la fille seule. Il faut remarquer en effet ici que cette absence de dispositions contraires confirmée par la mort du père, constitue en quelque sorte un legs, *quasi legatum*, dit Azon, ou un fidéicommis, que la fille prélève sans faire adition d'hérédité.

Nous avons encore, au reste, d'autres passages qui dans des cas semblables résolvent la question dans le sens de la validité de pareilles donations, lorsque le père est mort sans les avoir révoquées. ( Vatic. fragm. § 277 et 278. )

Mais l'obligation d'effectuer ou non le rapport ne peut s'élever ici; il ne peut être question dans ces passages que d'un simple préciput que la fille peut faire valoir dans un cas et non dans l'autre. Quant à la collatio, il ne pouvait en être question, puisqu'à l'époque où ces constitutions étaient rendues, la fille en puissance n'était pas tenue d'effectuer le rapport d'autres biens que ceux composant sa dot, collatio dont il n'est pas question dans l'espèce.

Si la fille, au lieu d'être in potestate, avait été émancipée au moment de la donation, cette confirmation tacite de la donation serait-elle valable, et la fille émancipée venant à la succession pourrait-elle garder le fonds, soit profectice, soit acheté par son père lors ou depuis l'émancipation ? Il faut, nous le croyons, décider que la femme émancipée n'aurait pu garder le fonds sous la législation de Justinien, car les émancipés doivent le rapport de tous les biens profectices ; il résulte, en effet, des termes de la constitution ut liberis (in fine), que les anciens principes qui régissaient le rapport des émancipés sont encore applicables sous la législation nouvelle, pour tous les biens qui proviennent ex substantiâ patris. On objecterait inutilement, nous semble-t-il, que les émancipés ne doivent rapporter que les biens profectices qui entrent dans leur patrimoine pendant la vie du père, car en vertu de la loi 25 C. de donat. inter vir. et uxor., la confirmation tacite du père rétroagit au jour de la donation, et rend dès lors les enfants propriétaires du vivant de leur père.

La question de savoir si dans tous les cas (que la fille fût héritière sienne ou émancipée), ces donations sont ou non susceptibles du rapport, ne peut être soulevée avant Justinien, puisque ces biens n'étaient acquis qu'après la mort du de cujus. — Mais la question de savoir si une donation simple est ou non rapportable, peut être soulevée après Justinien, et voici pourquoi :

Cet empereur décide que les donations faites par le père au fils en puissance, sont, comme les donations entre époux, validées par le silence du donateur, lorsqu'elles ne dépassent pas 500 solides, avec cette particularité remarquable que la confirmation tacite remonte au jour de la donation (l. 25, C. de Donat. inter vir. et uxor.) En vertu de cet effet rétroactif, les enfants sont donc propriétaires du vivant de leurs pères, et dès lors la collatio semble devoir être due. Telle est l'opinion de Cujas.

Cette opinion nous semble difficile à admettre en face des principes si positifs et si généraux qu'a consacrés la constitution

20, C. de Coll. in fine. — Sans doute, si l'on invoquait les principes du droit qui a immédiatement précédé la constitution de Justinien, l'opinion de Cujas serait seule soutenable. Les biens du fils de famille ne peuvent, en effet, comprendre que des biens profectices, adventices, castrans ou quasi-castrans ; or, la collatio n'embrassait à cette époque que les biens profectices, et les donations simples en faisaient partie ; donc, elles étaient rapportables. — Mais lorsque la loi *illud* vient poser deux cas spéciaux dans lesquels la donation simple est seulement rapportable, il nous semble qu'on peut décider en raisonnant par à contario, que dans tout autre cas elle ne l'est pas. Justinien décide, en effet, que la donation simple est rapportable, quand le testateur l'a expressément ordonné, et en second lieu, quand celui qui aura reçu une donation de cette espèce se trouvera venir au partage de l'hérédité paternelle, concurremment avec d'autres héritiers ayant reçu déjà une dot ou une donation propter nuptias. Il eût été, en effet, inique que le cohéritier rapportant la dot ou la donation propter nuptias, le donataire gardât par devers lui les biens qu'il avait également reçus du père commun.

Nous pouvons donc, en résumé, dire que la donation simple est rapportable dans trois cas, suivant une distinction que nous ferons : ou la donation n'est qu'un pécule, qui bien qu'administré par l'enfant en puissance, n'en reste pas moins dans le patrimoine du père, et dans ce cas, il n'y a pas, à proprement parler, de collatio à effectuer ; c'est le cas de la loi 13 C. de Coll. ; ou bien la donation simple sort du patrimoine du père, pour rentrer dans celui de l'enfant, auquel les biens qui en font partie appartiennent en vertu d'un effet rétroactif, à partir du moment même où la donation a eu lieu, et alors il n'y a lieu à la collatio, que si le testateur l'a ainsi expressément ordonné, ou si le cohéritier donataire se trouve en présence d'un autre cohéritier ayant reçu une dot ou une donation propter nuptias. Dans tout autre cas, la donation simple n'est pas rapportable.

Enfin, dans tous les cas, l'émancipé doit le rapport, comme cela résulte des derniers termes de la constitution ut liberis, qui a consacré les anciens principes, en vertu desquels l'émancipé doit le rapport de tous ses biens, à l'exception de ceux qu'il a acquis après la mort du père de famille, exception qui ne peut faire valoir un système opposé et qui admet le droit pour l'émancipé de ne faire la collatio que dans les cas où l'héritier sien la ferait lui-même, puisque par l'effet de la rétroactivité de la donation l'émancipé est censé avoir possédé les biens du vivant même de son père.

La loi *illud*, dont nous n'avons étudié qu'une partie, contient d'autres dispositions qu'il est important de citer. Justinien décide que la donation simple sera imputable sur la quarte à laquelle a droit tout héritier qui n'est pas exhérédé : « illud planâ sanctione revelamus, ut omnia quæ in quartam portionem ab intestato computantur, his qui ad actionem de inofficioso testamento vocantur, omnimodo coheribus suis conferant. » Nous avons déjà noté une disposition semblable en ce qui touche les donations propter nuptias et la dot à laquelle elles ont été assimilées ( l. 29, C. de inoff. test. ). Il faut remarquer toutefois que si la donation propter nuptias et la dot sont toujours imputables sur la quarte, la donation simple ne semble devoir être régie par la même règle que dans les deux cas spéciaux où, d'après la constitution illud, elle doit être rapportée.

Ainsi, d'après la constitution de Justinien, tout ce qui est imputable sur la quarte est rapportable ; il s'était donc établi sous les derniers empereurs chrétiens une certaine corrélation entre

la collatio et l'imputation sur la quarte ; mais si l'idée de rapport semble être un corollaire de l'idée d'imputation, la réciproque ne saurait être vraie, et leur corrélation n'est pas absolue,
car il faut une disposition spéciale qui ordonne l'imputation pour
les choses qui sont soumises à la collatio.

Si d'un côté tout ce qui est soumis à la collatio n'est pas par
cela même imputable sur la quarte, puisque l'imputation ne résulte que d'une disposition formelle de la loi, comme par exemple les *militiæ* dont parle le texte de la loi 20, C. de Coll., que
nous rapprochons de la loi 30, C. de inoff. test., pour en excepter les charges des *silentiarii;* d'un autre côté et sous un autre
point de vue, la collatio et l'imputation ne sont pas corrélatives,
et les termes dont s'est servi Justinien pèchent par trop de généralité. Ce ne sont pas en effet toutes les choses , « quæ in quartam portionem ab intestato, » qui sont par cela même rapportables, puisque les legs, les fidéicommis sont imputables sur la
quarte, sans être néanmoins sujets au rapport (l. 16, C. de
coll. ). Les termes de la constitution de Justinien ne sont donc
vrais que pour les donations entre-vifs, sans être applicables aux
dispositions testamentaires.

### Extension de la collatio quant aux personnes.

Le droit prétorien avait singulièrement déjà élargi le cercle des
héritiers siens, en rangeant dans la catégorie de ces derniers,.
les émancipés et les enfants donnés en adoption, pourvu que ces
derniers fussent sortis de la famille adoptive avant le décès du
père naturel ; il avait , suivant les circonstances, et en vertu des
possessions de biens undè liberi , contrà ou secundùm tabulas,
accordé à ces héritiers nouveaux une part dans la masse hérédi-

faire ; et tantôt frappant de nullité totale ou partielle les dispositions d'un testateur qui avait omis un héritier sien; tantôt, sous
prétexte de folie, donnant à l'enfant exhérédé une action de testament inofficieux pour faire rescinder le testament, il avait non
seulement attribué, mais encore conservé aux divers agnats de
la famille le patrimoine du de cujus.

Les empereurs ajoutèrent encore à tous ces changements, et
à mesure que des héritiers nouveaux venaient augmenter le
nombre des héritiers primitivement appelés, la collatio dut embrasser une plus grande masse de biens profectices. Mais sous
les derniers empereurs chrétiens, la collatio qui sous l'empire du
droit prétorien n'était qu'une simple indemnité accordée aux héritiers siens, en réparation du préjudice que leur causait le
concours des émancipés et des adoptés, changea complétement
d'objet, et par suite du nouvel état de choses, ne fut plus exigée
que pour établir une égalité parfaite entre les divers héritiers
siens ou qui étaient considérés comme tels, d'après le droit nouveau des constitutions impériales.

Mais comment ce principe nouveau prit-il naissance, et quel
fut son point de départ? son point de départ, nous l'avons noté
dans la collatio dotis ; nous l'avons vu en germe dans l'obligation
où se trouvait la fille, même hæres sua, de faire à ses frères
émancipés le rapport de sa dot profectice. Sur quel principe juridique les émancipés fondèrent-ils leurs prétentions, pour demander le rapport à un héritier du droit civil, lorsqu'ils ne
venaient, eux, qu'en vertu d'un droit en quelque sorte tout
nouveau, tout exceptionnel? nous l'avons dit plus haut, peut-
être sur ce principe qui n'était pas néanmoins destiné à prévaloir : que la dot profectice n'était pas irrévocablement sortie
du patrimoine paternel, puisque si le mariage venait à se dis-

soudre par la mort de la fille dotée, la dot profectice revenait à l'ascendant qui l'avait dotée, tandis que la dot adventice devenait en général, et sauf clause contraire stipulée par le donateur, la propriété du mari.

Les empereurs mirent sur la même ligne, comme nous allons le voir, quant au droit d'hérédité, un plus grand nombre d'héritiers que le droit primitif avait exclus, et que le droit prétorien avait négligé d'appeler, ou auxquels il n'avait pas donné un droit identique aux héritiers précédemment admis.

Les S. C. Tertullien et Orphitien avaient, sous les empereurs Antonin et Commode, établi un droit réciproque d'hérédité entre les enfants et leur mère ; ce droit ne pouvait toutefois s'exercer que dans des limites et des cas déterminés ; la mère était exclue par certains agnats, et elle devait de plus avoir le *jus liberorum*. qu'un rescrit impérial pouvait cependant suppléer. Plus tard, et en vertu de constitutions des empereurs Constantin et Valentinien, bien qu'elle se trouvât en présence de certains agnats, comme l'oncle paternel de son fils défunt, ou les enfants de ce dernier, elle put prendre une part déterminée, le tiers, si elle n'avait pas le jus liberorum, les deux tiers, dans le cas contraire. — Justinien abrogea en dernier lieu ce privilége des agnats, et permit à toute mère, dans quelque position que ce fût, de prendre une part plus forte dans le patrimoine du de cujus.

Réciproquement, les enfants eurent un droit de succession sur les biens de leur mère, plus tard de leur aïeule ; ils furent considérés comme des héritiers siens, et passèrent avant les agnats.

Il faut remarquer aussi que sous l'empire du droit civil primitif, les enfants ne naissaient jamais dans la famille de leur aïeul maternel, pour lequel ils n'étaient que de simples cognats ; la fille prédécédée n'était donc pas représentée dans la famille paternelle. C'est pour obvier à une disposition aussi injuste, que les empereurs Valentinien, Théodose et Arcadius décidèrent, que lorsque la mère hœres sua serait morte avant l'ouverture de la succession ab intestat, ses enfants pourraient venir à la succession de leur aïeul maternel, et prendre les deux tiers de la portion qu'eût pris leur mère, s'ils concouraient avec des héritiers siens; les trois quarts, dans le cas de concours avec de simples agnats. Plus tard, Justinien, plus favorable encore, leur permit de prendre sans aucune diminution la part qu'eût prise leur mère prédécédée.

Mais ces enfants venant à la succession de leur mère, ou réciproquement, ou venant à la succession de leur aïeul maternel, devaient-ils la collatio? Evidemment non, puisqu'il n'était pas question d'émancipation; aussi fallut-il une constitution d'Arcadius et Honorius pour obliger les petits-enfants de l'aïeul maternel au rapport de ce que leur mère eût dû rapporter, c'est-à-dire de sa dot (C. Th., tit. 5, l. 5). Il y eut même une vive controverse causée par un défaut de précision dans les termes de cette loi, dont le texte n'obligeait les petits-enfants à rapporter la dot de leur mère qu'à leurs oncles, et ne parlait nullement des tantes; celles-ci soutenaient que la collatio leur était due, comme elle eût été imposée à la mère, leur sœur, si elle eût vécu; les enfants opposaient le texte de la loi; ce qui ne les empêchait pas, au reste, de réclamer la collatio des biens de leurs tantes; prétention à laquelle celles-ci se refusaient, tant que les enfants n'auraient pas rapporté leurs biens, comme ils le faisaient quand ils se trouvaient en concours avec leurs oncles. — Il fallut une constitution de Justinien, que nous trouvons au Code, l. 19, de Collat., pour trancher cette question, et mettre un terme à cette controverse.

L'empereur Anastase avait en 503 créé un nouveau mode d'émancipation *per oblationem precum et imperiale rescriptum* (1. 18, C. de coll, ) ; il avait au reste conservé l'ancien mode *per imaginarias venditiones*, et permis d'employer les deux concurremment. Le nouveau mode d'émancipation anastasienne, comme l'ont appelée les commentateurs, était surtout utile pour les absents qui n'auraient pu se présenter in judicio ; il consistait dans une supplique que le père adressait au prince et qu'il présentait au juge compétent, lequel devait l'insinuer. Le consentement du fils était nécessaire, à moins que ce dernier ne fût infans, auquel cas l'émancipation n'en était pas moins régulièrement faite.

Justinien supprima plus tard l'ancien mode per imaginarias venditiones, pour ne laisser subsister que l'émancipation anastasienne, comme cela résulte du § 6, tit. 12, liv. Ier des Inst.

Ces émancipés furent, comme les émancipés du droit prétorien, soumis à la collatio, « secundùm ea quæ super cæteris emancipatis statuta sunt. » dit l'empereur Anastase. Mais si, comme les émancipés du droit prétorien, ils étaient soumis à la collatio, il ne faudrait pas prendre à la lettre cette proposition, et croire que les émancipés étaient, sous Anastase, régis par les principes anciens relativement au rapport de leurs biens. Les idées avaient marché, en effet, et nous devons corriger les expressions larges de la loi 18, par les termes moins généraux de la loi 17.

. . Ce ne sont plus tous leurs biens que doivent les émancipés, mais seulement leurs biens profectices, provenant ex substantià patris, qu'ils leur aient été donnés lors de l'émancipation ou depuis. L'émancipé est sous l'empire de la législation mise en vigueur par les constitutions impériales, dans la même position que l'enfant qui est resté in potestate patris ; comme lui, ses pécules castrans, quasi-castrans et adventices restent sa propriété personnelle et non sujette au rapport; comme lui, il est tenu d'effectuer la collatio de ses biens profectices.

Bien plus, les lois anciennes n'exigeaient le rapport que des émancipés seuls, par la raison qu'ils venaient prendre dans la la famille une place qui ne leur était pas réservée; mais la législation nouvelle, qui voit du même œil l'émancipé et l'héritier in potestate patris, et ne cherche qu'à assurer à tous les enfants du sang une part à peu près égale dans le patrimoine paternel, a voulu que le rapport fût réciproque, et que les héritiers siens rapportassent également leurs biens aux émancipés. Le rapport, sous l'empire de la loi nouvelle, s'effectue au reste non seulement quand les héritiers siens se trouvent en présence d'émancipés, mais encore quand il n'existe que des héritiers siens concourant ensemble, ou bien des émancipés seuls réciproquement en présence. Les termes de la constitution *ut liberis* sont en effet de la plus grande généralité, et embrassent tous les enfants du sang, « tàm masculini quàm fæminini sexus, sive sui juris, sive in potestate constitutis, » pourvu toutefois qu'il s'agisse d'héritiers venant à une succession ab intestat.

Notons du reste en passant que contrairement aux règles du droit ancien, la collatio n'en a pas moins lieu quand le testament se trouvant annulé par l'exercice d'une action de testament inofficieux, le patrimoine du de cujus se trouve appartenir à ses divers héritiers ab intestat.

Cette constitution ut liberis de l'empereur Léon pose de la manière la plus large le principe nouveau de l'égalité à conserver entre les cohéritiers d'une succession; pourvu que ceux-ci succédent ab intestat, soit que le de cujus n'ait pas testé, soit que son testament soit rescindé, n'importe de quelle manière ils ont tous un droit égal, et tout héritier, quel qu'il soit, tàm masculini quàm fœminini sexùs, sive sui juris, sive in potestate, doit le rapport des biens qui, à un moment quelconque, ont fait partie du patrimoine du défunt.

Bien plus, cette même constitution ut liberis a apporté une autre innovation au principe de la collatio; avant l'empereur Léon, la collatio n'avait lieu qu'entre les héritiers d'un pater-familiàs (l. 1, Coll. dotis) ; la constitution 17 établit au contraire la nécessité du rapport dans toute succession soit du père ou de la mère, de l'aïeul ou de l'aïeule. Ainsi, à côté de la succession du pater-familiàs qui seul pouvait dans l'ancien droit avoir des héritiers, l'empereur Léon place les successions de la mère et des ascendants maternels. Sous l'empire du droit prétorien, les enfants n'étaient pour ces ascendants que de simples cognats et ne pouvaient arriver à leur succession qu'au troisième rang et en vertu de la possession de biens undè cognati ; la constitution ut liberis les place au contraire au premier rang en les obligeant de rapporter *la dot ou la donation propter nuptias*, par quel ascendant que ce soit que la dot ait été donnée à la fille elle-même ou à son mari, comme aussi peu importe lequel des deux conjoints a reçu la donation propter nuptias, pourvu toutefois que ces diverses libéralités proviennent « ex substantià parentis cujus de hæreditate agitur. »

Les termes si généraux de la constitution ut liberis, en même temps qu'ils sanctionnent le principe d'égalité à conserver entre les cohéritiers tant dans la succession de la mère et des ascendants maternels que dans la succession du pater-familiàs, décident un point que la constitution de Gordien (l. 4, C. de Coll.) avait laissé douteux pour les commentateurs. Cette dernière constitution décide que la fille hæres sua doit à ses frères émancipés le rapport de sa dot profectice ; la constitution de Gordien était-elle également applicable à la fille émancipée, et celle-ci devait-elle en rapportant une part virile de sa dot projectice et adventice à chacun de ses frères en puissance, garder en même temps pour chacun de ses frères émancipés une part proportionnelle dans sa dot profectice? Certains commentateurs décident l'affirmative, mais nous croyons leur opinion erronée. La position de la fille émancipée différait en effet essentiellement de celle de la fille hæres sua à l'époque où fut rendue la constitution de Gordien, puisque la fille hæres sua profitait de la collatio qui était effectuée par les émancipés, tandis que la fille émancipée n'en profitait pas. Ce ne fut que plus tard, lorsque la constitution ut liberis eût mis l'émancipé sur la même ligne que l'héritier sien, par rapport à la collatio qu'ils devaient réciproquement effectuer, qu'il n'y eut plus de raison pour que les émancipés ne profitassent pas comme les héritiers siens du rapport de la dot ou donation propter nuptias imposé à la fille émancipée.

Toutefois la constitution ut liberis rapprochée de la constitution *illam*, nous prouve qu'à l'époque de l'empereur Léon il devait exister deux sortes de collatio : 1° la collatio ancienne, avec les modifications que les constitutions impériales lui avaient apportée, et qui s'appliquait exclusivement aux successions du père et de l'ascendant paternel ; en vertu de la constitution ut liberis, la collatio de la dot et de la donation propter nuptias profectices s'effectuait réciproquement et dans les mêmes proportions par tous les enfants, sui juris ou in potestate ; en second lieu, la dot et la donation propter nuptias soit profectices, soit adventices, s'effectuait réciproquement entre les héritiers siens seulement; enfin, et d'après les derniers termes de la même constitution, les émancipés devaient « pro tenore præcedentium legum » rapporter aux héritiers siens tous leurs biens profectices, sans réciprocité pour tout autre bien que la dot ou la donation propter nuptias ;

2° Les termes de la constitution illam nous montrent la seconde espèce de collatio, qui ne s'appliquait qu'aux successions de la mère ou des ascendants maternels, et qu'avait réglée une constitution d'Arcadius et d'Honorius. Elle ne comprenait que la dot ou la donation propter nuptias donnée au père ou à la mère du successible, soit au successible lui-même, petit-fils de l'aïeul ou de l'aïeule prédécédée. — L'émancipé comme l'enfant en puissance pouvait la réclamer ; et d'abord réciproque entre l'oncle et le neveu, elle le fut plus tard entre le neveu et la tante, soit matertera, soit amita, d'après la constitution de Justinien, « subtilem dubitationem amputans. » Cette collatio laissait donc de côté les divers biens de toute nature, autres que la dot ou la donation propter nuptias, bien qu'ils provinssent *ex re matris, avi et aviæ maternorum.*

Notons en terminant que l'empereur Léon, en insérant dans la constitution ut liberis des dispositions si favorables aux émancipés, a par cela même supprimé le titre du Digeste, de conjungendis cum emancipato liberis, puisque l'émancipé ne viendra plus maintenant en concours avec son fils, auquel il ne rapportera plus ses biens dans la proportion du préjudice que sa présence lui cause, puisqu'il lui sera absolument préféré et passera avant lui.

————————

Au milieu de toutes les modifications de la matière dont nous avons fait ci-dessus l'analyse, un point du droit ancien s'était toujours conservé intact. Jusqu'ici, en effet, la collatio n'était due que dans les successions ab intestat; il n'en était pas question dans les successions testamentaires; mais Justinien corrigea ce point dans la Novelle 18, et assimila les successions testamentaires dans lesquelles la collatio n'était due qu'en vertu de la volonté expresse du testateur, aux successions ab intestat, dans lesquelles la collatio était toujours due, sauf dispense du de cujus. Dorénavant le successible sera tenu de rapporter; et si le fait seul d'avoir appelé un héritier à sa succession était dans l'ancien droit une preuve suffisante que le testateur l'avait dispensé du rapport, le droit nouveau n'est plus régi par les mêmes principes. Justinien a pensé que le testateur peut ne pas avoir songé, au moment de la mort, à prescrire le rapport d'une libéralité qu'il a peut-être oubliée; aussi exige-t-il, pour que l'héritier soit dispensé du rapport, une autorisation expresse de la part du disposant : « nisi hoc *expressim* designaverit. »

Que devint la collatio après cette refonte par Justinien du droit successoral ?

Après cette Novelle et la Novelle 118, l'hérédité fut dévolue indistinctement dans toute succession à tout descendant, alieni ou sui juris, aux descendants des fils, comme aux descendants des filles; ils eurent tous les mêmes droits. Le principe d'égalité dans le partage, principe d'égalité qu'on supposait être dans la volonté du défunt avait ainsi pénétré dans la loi : il ne devait plus en sortir.

# DROIT COUTUMIER.

Nous avons étudié les modifications successives apportées à la collatio prétorienne depuis sa naissance jusqu'à Justinien ; nous l'avons vu subir une sorte de transformation, et, d'un simple *apport* à faire par les émancipés, devenir un *rapport* à faire par les enfants avantagés, lorsque se fut affaiblie la distinction entre les enfants émancipés et les non-émancipés. — Cette distinction tendit à disparaître, surtout lorsque les enfants en puissance furent assujettis au rapport de la dot et de la donation propter nuptias, tandis que les émancipés ne durent la collatio que des biens profectices. Elle disparut totalement lorsque Justinien, le dernier des empereurs qui mirent la main à l'œuvre, soumit indistinctement tous les enfants et descendants à la nécessité de la collatio, qu'ils fussent héritiers ab intestat ou testamentaires, à moins, dans ce dernier cas, que le défunt ne les en eût expressément dispensés.

Les principes de la collatio en vigueur dans le dernier état du droit romain étaient, avant 1789, suivis, dans les provinces de droit écrit ; on ignore cependant à quelle époque les compilations de Justinien pénétrèrent dans la Gaule méridionale, puisque les Gaules étaient depuis longtemps séparées de l'empire romain quand Justinien entreprit sa réforme législative. Il est probable que l'autorité des Pandectes ne date que de la renaissance des études au XIIe siècle, et que le droit du Code Théodosien, que les conquérants barbares donnèrent pour règle à leurs sujets Gallo-Romains, devait primitivement régir les provinces de droit écrit.

Quoi qu'il en soit, et spécialement pour la matière qui nous occupe, les principes romains s'étaient conservés dans toute leur

pureté dans la Gaule méridionale. « Les provinces qui se gouver-
« nent par le droit écrit, dit Merlin, s'y sont conformées sans
« difficulté ni restriction, et actuellement encore, elles ne con-
« naissent pas d'autre loi sur le rapport que les règles qu'elles
« y ont puisées. » (Merlin, Répert. V°, Rapport, § 1, n° 2, et
§ 11, art. 1, n° 1. — Id. Ferrière, au mot Rapport.)

Les pays coutumiers n'admirent pas aussi généralement le rapport, et la grande majorité des coutumes qui l'adoptèrent, mo-
difièrent sensiblement les principes du droit romain relatifs à
cette matière. Nous rappellerons, parce que ce sont les règles les
plus importantes modifiées par la législation coutumière, qu'en
droit romain, l'obligation du rapport n'avait lieu que dans les
successions déférées aux enfants ou descendants du défunt, *inter
fratres*; qu'elle ne s'appliquait qu'aux dons entre-vifs et non pas
aux legs, dont la réclamation était toujours permise aux enfants,
et qui étaient toujours considérés comme faits par préciput;
enfin, que l'obligation du rapport cessait dans tous les cas, lorsque l'enfant donataire renonçait à la succession (l. 9, C. de
Coll. dot.)

La législation coutumière faisait une distinction capitale entre
les dons et les legs; de cette distinction sont découlées deux règles qui dominent toute cette matière, et que nous traiterons
séparément : 1° Incompatibilité des qualités d'héritier et de légataire ; 2° Règle du rapport.

### 1° Incompatibilité des qualités d'héritier et de légataire.

Si la règle du rapport avait été empruntée par le droit coutumier à la législation romaine, la règle dont nous allons nous
occuper actuellement est d'origine nationale et essentiellement

coutumière; « aucun ne peut être héritier et légataire d'un défunt ensemble, et si l'un des héritiers prend le legs, les autres
en pareil degré prennent les quatre quints des propres, » di-
saient l'article 300 de la C. de Paris, et l'art. 288 C. d'Orléans.

En droit romain, il n'en était pas de même, et les qualités
d'héritier et de légataire de la même personne n'étaient pas in-
compatibles; les legs laissés à des héritiers institués ou même à
des héritiers ab intestat furent toujours considérés comme des
prélegs, c'est-à-dire, comme faits par préciput (l. 39, § 1,
D. famil. ercisc.). Le droit coutumier, au contraire, rejetait ce
cumul des deux qualités, et la règle de l'incompatibilité des qualités d'héritier et de légataire fut dans presque toutes les coutumes applicable à toutes les lignes et à tous les héritiers, sans distinction entre les descendants, les ascendants et les collatéraux.
-- Nul, disait-on autrefois, ne peut être *aumônier et parçon-
nier ;*[1] mais d'où était venue cette règle, que nous retrouvons
dans les plus anciens coutumiers, et notamment dans la somme
rurale de Bouteiller ( liv. I, tit. 103 ) ? On n'est pas d'accord sur
son origine, et il est difficile d'expliquer d'une manière bien certaine le fondement de cette disposition. Ferrière prétend que c'est
le titre universel d'héritier, qui met obstacle à celui de légataire,
car autrement le légataire serait créancier de lui-même ; raison
évidemment insuffisante, suivant Pothier, « puisque si cette in-

---

[1] Les legs pieux étaient en Occident d'une si grande obligation, qu'on alla
jusqu'à refuser le viatique et la sépulture à ceux qui décédaient sans laisser une
partie de leurs biens à l'église ou aux pauvres ; et comme dans ces temps-là, l'u-
sage n'était que de faire des legs pieux, les légataires furent appelés *aumôniers.*
En sorte que Charondas, dans ses notes sur la somme rurale de Bouteiller, a très-
bien rendu les termes d'aumôniers et de parçonniers par ceux de légataires et
d'héritiers. ( Dupin et Laboulaye, sur Loysel, liv. II, tit. 4, § 12.)

compatibilité existe pour la portion à laquelle le légataire est appelé en même temps comme héritier, elle n'existe nullement pour les portions auxquelles ses cohéritiers sont appelés ; legari à semetipso non potest; à coherede potest. » (Poth. des Succ , chap. IV, art. III, § 2. )

Lebrun assigne une autre cause à cette règle, et prétend qu'elle a été introduite, afin de maintenir les propres dans chacune des lignes à laquelle ils étaient affectés, et d'empêcher que les biens d'une ligne ne tombassent entre les mains des héritiers d'une autre, par l'effet de legs faits à ces derniers héritiers. Cette explication est encore insuffisante pour justifier la règle si générale et si ancienne de l'incompatibilité des qualités d'héritier et de légataire, et Lebrun observe d'ailleurs que le droit coutumier avait assez satisfait à l'affectation des propres dans chaque ligne, en conservant à tous les héritiers d'une ligne les quatre quints à titre de réserve (Lebrun, liv. III, chap. VII, n° 1.)

Pothier y voit l'intention de maintenir l'égalité entre les héritiers, afin de conserver la paix dans les familles et d'en exclure les jalousies que pourraient faire naître les avantages faits à l'un des héritiers au préjudice des autres. D'autres enfin rattachent cette règle à la copropriété de famille, au condominium d'origine germanique.

Nous croyons que l'opinion de Pothier, bien qu'elle semble assez mal cadrer avec les priviléges de masculinité et le droit d'aînesse du régime féodal, est encore la plus vraisemblable; nous en trouvons la preuve dans un ancien acte du parloir aux bourgeois, et que Laurière rapporte dans son glossaire, V° *donataire et héritier :* « Nul, par la coutume de Paris et de France, qui est toute générale, notoire et approuvée de touzjours, ne puet aucun de ses hoirs en un degré faire l'un meilleur que l'autre, ne donner plus à l'un qu'à l'autre, soit entre les vifs, soit par cause de mort. » — Cette origine de l'incompatibilité des qualités d'héritier et de légataire se trouve encore confirmée par Bourjon. (Des Succ., ch. 4, sect. I, n° 2.)

Mais cette loi, bien qu'essentiellement coutumière, n'était pas admise par toutes les coutumes. Ainsi, les coutumes de Rheims, de Bourbonnais et de Berry, permettaient aux enfants d'être tout ensemble donataires, légataires et héritiers, pourvu que la légitime fût conservée aux autres enfants. Toutefois, l'immense majorité des coutumes avait sanctionné cette règle; nous devons néanmoins distinguer entre elles, car plusieurs ne permettaient pas d'avantager l'un des héritiers au préjudice des autres, sans distinguer entre les dispositions entre vifs et les dispositions testamentaires; bien plus, l'héritier présomptif auquel aurait été fait un don ou un legs, ne pouvait s'y tenir en renonçant à la succession du défunt: telles étaient les coutumes du Maine, d'Anjou et de Poitou.

La plupart des coutumes du royaume distinguaient enfin entre la ligne directe et la ligne collatérale, entre les dons et les legs, et permettaient d'être donataire entre-vifs et héritier en ligne collatérale, tandis que la prohibition d'être légataire et héritier était absolue dans toutes les lignes. ( C. de Paris, de Senlis, etc.)

Toutefois, la jurisprudence coutumière semble avoir apporté des restrictions à cette règle si absolue dans ces coutumes, de l'incompatibilité des qualités d'héritier et de légataire. On considérait, en effet, les différentes espèces de biens composant le patrimoine d'une personne, comme formant à sa mort autant de successions distinctes, quand ces différentes sortes de biens ne se trouvaient pas toutefois dévolues à une même personne; on distinguait des héritiers aux propres soit paternels, soit maternels, des héritiers aux acquêts et aux meubles. — En vertu de ce principe admis par la jurisprudence, que chaque espèce de biens formait une masse de succession tellement distincte, qu'il n'y avait même pas d'accroissement de ces différents biens les uns aux autres, puisque l'héritier des propres paternels, par exemple, pouvait répudier les propres maternels grevés de dettes; en vertu de ce principe, disons-nous, l'héritier d'une de ces successions pouvait être légataire dans l'autre. (V. Dumoulin sur l'art. 93, C. de Montfort, et Coquille, quæst. 231).

On discutait dans notre ancien droit coutumier, la question de savoir, si la règle de l'incompatibilité était tellement absolue, que lorsque les biens du défunt se trouvaient situés en différentes coutumes, l'on ne pouvait être dans l'une héritier du défunt, et son légataire dans l'autre. Plusieurs jurisconsultes décidaient l'affirmative en s'appuyant sur ce que la qualité d'héritier est indivisible. (Ricard, Traité des donations, tom. I, ch. 3, sect. 15). D'autres, et en majorité, soutenaient la négative, et se basaient sur ce que le défunt laissant autant de patrimoines qu'il y avait de coutumes, par lesquelles ses biens se trouvaient régis, il fallait dans ce cas faire autant de partages, et suivant les règles admises par ces coutumes. Il n'y avait donc pour ces derniers jurisconsultes d'incompatibilité, que quand les biens du défunt se trouvaient situés dans le ressort de la même coutume. (Duplessis, Consult., tome Ier.) Cette opinion avait été admise par les divers parlements de France.

Mais dans les coutumes qui ne permettaient pas d'être héritier et légataire, le père pouvait-il être héritier d'un défunt, et son fils légataire? L'affirmative était généralement admise, tant en ligne directe qu'en ligne collatérale, avec cette différence toutefois qu'en ligne directe le père était obligé de rapporter les donations entre vifs et testamentaires faites à son fils, tandis qu'en ligne collatérale le père n'était pas tenu de rapporter le legs fait à son fils. La raison en est, dans le premier cas, que le droit de succéder aux ascendants est égal pour chaque branche des descendants, alors que dans la branche collatérale, les biens déférés par le défunt arrivent au collatéral en vertu d'un sorte de bienfait.

### 2° Rapport.

La règle du rapport, que nos anciennes coutumes avaient empruntée au Droit romain, en la modifiant plus ou moins profondément, ne concerne que les dons entre vifs, et ne s'applique en général que dans la ligne directe descendante. Le rapport était bien de droit commun dans les provinces coutumières; mais néanmoins un certain nombre de coutumes le rejetaient, ou ne l'adoptaient qu'avec certaines modifications. Les coutumes peuvent sous ce rapport se diviser en trois classes :

1° *Coutumes qui rejettent le rapport.* — Ces coutumes sont celles de Douai, d'Artois, de Hainaut et de Valenciennes ; les deux premières le rejettent d'une manière expresse, tandis que pour les deux dernières, cela ressort plutôt de l'esprit de leurs dispositions et de l'usage général de la province, que d'une règle spéciale ;

2° *Coutumes qui admettent le rapport avec certaines modifications.* — Elles sont de trois sortes: les unes, comme la coutume de Chauny, y soumettaient toutes les donations, à l'exception toutefois des donations mobilières en faveur du mariage ; les autres, comme celle de Lille, admettaient exactement l'inverse, et en affranchissant toutes les donations ordinaires, y assujettissaient les constitutions de dot mobilière. Dans d'autres, enfin, on ne considérait pas la nature des donations en elles-mêmes, mais on faisait dépendre le rapport de l'état dans lequel se trouvaient les donataires lors de l'ouverture de la succession ; c'est ainsi que dans les coutumes d'Amiens et de Cambrésis, le rapport n'était pas dû si tous les enfants étaient mariés, tandis qu'il était obligatoire, si les uns se trouvant mariés, les autres ne l'étaient pas encore.

Il est à remarquer toutefois, qu'aucune de ces coutumes n'était absolument prohibitive, et que dès lors la volonté de l'homme pouvait déroger à ces règles par des conventions particulières.

3° *Coutumes qui admettent le rapport.* — Cette troisième classe comprenait la grande majorité des coutumes, et le rapport avait même été admis par beaucoup d'entr'elles, avec une extension qu'il n'avait jamais eu en droit romain. Il faut distinguer toutefois entre les coutumes de cette classe :

1° A la différence de la législation romaine, et de celle des pays de droit écrit qui n'admettaient le rapport que dans la ligne directe descendante, les unes exigeaient le rapport de tout héritier ascendant, collatéral ou descendant. Il n'en était toutefois ainsi dans les C. de Tours, art. 302, et du Maine, art. 349, que pour les personnes coutumières, c'est-à-dire, les roturiers ; tandis que celles de Bretagne, art. 213, et de Blois, art. 167, ne distinguaient pas entre les nobles et les roturiers ;

2° D'autres coutumes n'admettaient le rapport que dans la ligne directe descendante. Telles étaient les coutumes de Bourbonnais, art. 213, de Nivernais, de Sens, de Melun, etc. Elles le rejetaient formellement dans la ligne collatérale ; et comme elles ne s'expliquaient pas catégoriquement au sujet des ascendants, la jurisprudence, sur l'avis de Dumoulin et de Ricard, se fondant sur ce principe, que dans le silence de la coutume le

droit romain doit être accepté comme le droit commun subsi-
diaire, la raison écrite, décida qu'on ne devait entendre par ligne
directe, que la ligne directe descendante.

----

Il fallait, dans l'ancien droit romain, une disposition expresse
du testateur pour obliger l'héritier au rapport; Justinien, nous
l'avons vu, prit le contrepied de cette disposition, et une défense
formelle était nécessaire pour que le rapport n'eût pas lieu; mais,
dans tous les cas, le disposant avait la faculté de dispenser son
héritier du rapport.

Les Coutumes peuvent, sous ce point de vue, se diviser en trois
classes : les unes autorisent le disposant à dispenser l'héritier du
rapport, soit par une disposition formelle, soit en qualifiant la
donation de don par *préciput* (C. de Nivernais, Bourbonnais,
Berry, etc.); les autres ne permettent pas cette dispense, et dé-
fendent « de faire enfant chéri » (C. de Paris, art. 303, d'Orléans).
D'autres coutumes, enfin, ne prévoyaient pas la question, et se
trouvaient régies, suivant l'avis général, par les dispositions du
droit romain en cette matière. Il faut remarquer que toutes les
coutumes qui autorisaient le rapport dans les deux lignes, ne permettaient pas au de cujus de dispenser l'héritier du rapport;
tandis que celles qui défendaient le rapport en ligne collatérale,
autorisaient au contraire la dispense du rapport.

Toutes les coutumes qui permettaient au de cujus de dispenser
son héritier du rapport, permettaient aussi à l'héritier de renoncer en gardant le don. En droit romain, nous l'avons vu, la collatio n'était qu'une conséquence du titre d'héritier; et sous le
droit prétorien, comme sous le droit plus moderne des empereurs, on pouvait, en renonçant à cette qualité, conserver la do-

nation faite par le défunt. (L. 10, C. de Collat.—L. 25, C. famil. ercisc. — L. 4, de Coll. dotis.)

Mais toutes les coutumes permettaient-elles à l'héritier donataire entre-vifs de garder le don qui lui avait été fait, en renonçant à la succession?

On distinguait encore à cet égard trois classes *principales* de coutumes :

1° *Celles de préciput*, qui étaient les moins nombreuses; elles admettaient la dispense du rapport, même à l'égard des héritiers venant à la succession ; c'étaient les coutumes du Nivernais, ch. 27, art. 11 ; de Berry, tit. 19, art. 42; de Bourbonnais, art. 368;

2° *Celles* dites *d'égalité parfaite*, dans lesquelles la dispense du rapport n'était jamais permise, même à l'égard des héritiers renonçants. Ces coutumes étaient celles qui avaient le mieux conservé l'esprit de notre vieux droit national; c'étaient les coutumes de Rheims et de Dunois, pour les nobles et les roturiers ; et pour les roturiers seulement, les coutumes d'Anjou, art. 334; du Maine, art. 346; de Touraine, art. 309;

3° *Celles* dites *de simple égalité*, dans lesquelles l'héritier était obligé de rapporter le don en venant à la succession, mais qui lui permettaient de s'en affranchir en renonçant. Ces coutumes étaient les plus nombreuses, et formaient le droit commun des pays coutumiers, au moins dans le dernier état du droit.

C'est à cette classe qu'appartenaient les coutumes de Paris, ( art. 303 ) et d'Orléans (art. 304), de Meaux, de Melun, etc. — On comprend que dans cette troisième classe de coutumes, le père qui avait des biens disponibles pouvait facilement éluder la défense qui lui était faite de déroger au rapport, et violer ainsi l'article 303 de la coutume de Paris; il ne s'agissait, en effet, que d'en léguer au fils, qui se trouvait déjà donataire, une portion assez forte pour contrebalancer 'a part qu'auraient les autres enfants dans la masse héréditaire. Le père pouvait encore éluder les dispositions des art. 303 c. de Paris et 304 c. d'Orléans, par des avantages indirects, comme une vente simulée ou la reconnaissance d'un prêt qu'aurait fait le fils à son père.

Il faut remarquer que, dans ces coutumes, l'héritier qui renonçait à la succession pouvait conserver toutes sortes de dons, même les donations faites à titre d'avancement d'hoirie, qui sembleraient pourtant faire partie intégrante de la succession. Ceci avait été admis contre l'opinion de Dumoulin, qui n'admettait la faculté de conserver la chose donnée, en répudiant la succession, que si la donation était pure et simple; tandis que si elle avait été faite *nominatim* en avancement d'hoirie, le donataire devrait être obligé de se porter héritier ou d'abandonner la chose donnée aux autres frères ou créanciers du défunt : « non licet igitur hoc casu filio se tenere ad donationem sibi factam, abstinendo à successione; sed necesse habet vel adire, vel rem donatam restituere (Dumoulin, sur l'art. 17, ancienne coutume de Paris). » — Le Parlement de Paris, fidèle aux traditions du droit romain, avait, suivant Ferrière et Ricard, adopté une jurisprudence différente, et permettait à l'héritier de garder le don, en renonçant à la succession.

La coutume de Paris formait dans le dernier état de la législation coutumière le droit commun des provinces du nord de la France; aussi les dispositions de cette coutume devaient-elles toujours être observées sur les divers points que les autres coutumes avaient négligé de traiter. A moins donc de dispositions spéciales et expresses dans les autres coutumes, le droit commun de la France, en matière de rapport, était que les enfants pouvaient renoncer à la succession de leurs père et mère, en retenant les avantages qui leur étaient faits, ou venir à la même succession, en rapportant ces divers avantages. Ce choix qu'ils pouvaient faire entre l'acceptation et la renonciation a fait encore donner à ces coutumes le nom de coutumes d'Option.

Nous allons examiner rapidement, d'après la coutume de Paris : 1º Qui doit le rapport et à qui il est dû ; — 2º Quelles choses doivent être rapportées ; — 3º Comment s'opère le rapport.

### 1° Qui doit le rapport et à qui il est dû ?

En droit coutumier, il n'y a pas d'héritier testamentaire, comme en droit romain, et le rapport n'est dû que par l'héritier légitime ab intestat, qui se trouve en même temps donataire. — La question de savoir si l'héritier bénéficiaire devait le rapport était controversée en droit coutumier ; toutefois l'affirmative était généralement admise, et la jurisprudence basait ses décisions sur l'irrévocabilité du titre d'héritier, que l'habile à succéder eût acquis ce titre par une acceptation pure et simple ou sous bénéfice d'inventaire : qui semel hœres, semper hœres.

Aux termes de l'article 306 ( C. de Paris ), les père et mère doivent le rapport de ce qui a été donné à leurs enfants ; ces donations étaient censées faites aux ascendants eux-mêmes ; ainsi en supposant que l'aïeul ait doté sa petite-fille, il était censé acquitter la dette de son fils, et celui-ci était regardé comme le vrai donataire, au point que si le père avait survécu à l'aïeul, la petite-fille devait plus tard rapporter à la succession de son père ce que celui-ci avait rapporté précédemment pour elle à la succession de l'aïeul ; ce qui faisait dire à Lebrun, par une sorte de jeu de mots, qu'il y avait non seulement des *rapports de donations*, mais encore des *donations de rapports*.

Réciproquement, d'après l'article 308 de la coutume de Paris, les petits-enfants qui viennent à la succession de l'aïeul, rapportent la donation entre-vifs qui a été faite à leur père ; et il en est ainsi, bien qu'ils aient renoncé à la succession de ce dernier. Ils représentent en effet leur père, en venant à la succession de leur aïeul, et succèdent à sa place.

En outre des donations, ils doivent aussi d'après une jurisprudence constante ( voir Loysel, liv. II, tit. 6, n° 353 ), rapporter ce qui a été prêté par l'aïeul à leur père, que la créance soit ou non exigible. Le prêt ne devrait pas, ce semble, être assimilé à la donation, car c'est à titre d'avancement d'hoirie que la donation est faite à l'héritier présomptif, et par cette cause même est sujette au rapport d'après l'art. 304; tandis que la qualité d'héritier présomptif n'est pas à considérer, quand le prêt est fait au fils. La position de fils et d'étranger devrait donc être identique, au point de vue du rapport du prêt ; le don se fait d'ailleurs dans l'intention que le donataire soit maître de la chose donnée et constitue un avantage, tandis que le prêt se fait dans l'intention que ce qui en fait l'objet sera rendu, soit à la volonté du créancier, soit à l'époque que les parties ont convenue entre elles. Il semblerait donc que la succession du père une fois abandonnée par le petit-fils, devrait seule être débitrice du prêt.

On répond à cet argument que, si l'article de la coutume se sert du mot donner, c'est en parlant de eo quod plerùmque fit ; que d'ailleurs l'art. 303 se sert de termes singulièrement généraux : « par donation entre-vifs, par ordonnance de dernière volonté, ou *autrement, en quelque manière que ce soit.* » Ces mots désignent évidemment toutes sortes d'avantages indirects, et il est à remarquer en dernier lieu, qu'il eût été trop facile à un ascendant, en désignant sous le nom de prêt une donation quelconque, d'éluder les dispositions prohibitives de la coutume.

C'est sur ce fondement qu'on a décidé que la fille qui aura accepté la communauté devra également rapporter ce que son père aura prêté à son mari ; mais, si elle renonce à la communauté, elle n'y sera tenue, que si elle s'est elle-même obligée à la dette, puisque alors c'est en quelque sorte sa propre dette. ( Loysel, liv. II, tit. 6, n° 354. )

Mais si au lieu d'un prêt, le père avait fait une donation à son mari, la femme devrait-elle la rapporter ? Il faut distinguer s'il y a oui ou non communauté entre eux ; dans le premier cas, la femme profiterait de la donation pour moitié, et c'est à cette moitié que se réduirait son rapport ; s'il n'y avait pas communauté entre eux, elle n'en profiterait pas, et dès lors ne devrait pas rapporter. Au reste, les jurisconsultes du droit coutumier, entre autres Pothier et Lebrun, font à ce sujet une foule de distinctions qu'il serait trop long d'énumérer ici : Si la femme a oui ou non des enfants ; si la communauté subsiste ou non au moment de l'ouverture de la succession, etc. — Le principe qui domine la matière et d'après lequel il faut se régler est celui-ci : l'héritier profite-t-il de la donation ? il doit rapporter jusqu'à concurrence de l'avantage qu'il en retire. N'en profite-t-il pas ? il ne rapportera pas.

Disons en terminant que le rapport n'est pas dû aux créanciers de la succession ; le rapport ordonné par les coutumes, dit Pocquet de Livonnières ( Remarq. sur Anjou, art. 334, obs. 3 ), se doit faire en faveur des cohéritiers, et non au profit des créanciers ; et cette règle, confirmée par tous les arrêts, est en effet très-juridique. Les créanciers ne sont autre chose que les ayants-cause de leur débiteur ; ils ne peuvent donc avoir plus de droits que lui-même ; or, quel droit peut avoir leur débiteur sur les biens qu'il a donnés et qui sont dès lors sortis de son patrimoine, et conséquemment de sa succession? aucun ; donc les créanciers ne peuvent en avoir plus que lui. — Ce raisonnement ne peut s'appliquer aux créanciers de l'héritier, qui sont ses ayants-cause, et ont dès lors des droits identiques.

### 2° Choses sujettes au rapport.

Généralement toutes les choses mobilières ou immobilières que le défunt a données aux enfants en avancement d'hoirie, ou qui sont réputées données pour cette cause, sont sujettes au rapport, parce les enfants ne peuvent être donataires et héritiers. Les anciens jurisconsultes coutumiers examinaient, en prenant ce principe pour base, une foule d'hypothèses que nous relaterons brièvement.

En droit écrit, et d'après les principes admis en droit romain, « dotare filiam patris est officium , non matris » ( l. 19 , de ritu nupt. ), le rapport de la dot ne se faisait qu'à la succession du père, même lorsque les père et mère l'avaient constituée conjointement. Au contraire, dans la France coutumière, la dot constituée conjointement doit être imputée , partie sur la succession du père, partie sur la succession de la mère. Ainsi la dot et les donations diverses à cause de noces sont sujettes au rapport. — Mais si la dot donnée à la fille ne pouvait être retirée à cause de l'insolvabilité du mari, lors de la dissolution du mariage, la fille ne serait-elle tenue, conformément à l'avis d'Ulpien que nous avons cité plus haut, que du rapport de l'action, *etiam inanem*, qu'elle aura contre son mari? Elle sera tenue de rapporter sa dot elle-même ; cette décision a été admise par les jurisconsultes coutumiers pour éviter que les autres enfants, frères de la femme mariée , soient tenus de veiller continuellement à ce que le mari fasse l'emploi des deniers dotaux de leur sœur, de la perte desquels ils seraient garants : « dotis omne commodum aut incommodum ad mulierem pertinet. »

En vertu de ce principe que l'on ne doit rapporter à la succession du défunt que le don qu'on a reçu de lui , c'était un point de fait laissé à l'appréciation du juge, que de savoir si une donation désignée dans l'acte comme onéreuse ou rémunératoire était ou non rapportable, soit en partie, soit pour le tout. Pothier et Lebrun exigeaient dans le dernier cas une désignation précise des services rendus, et non une *énonciation vague de services incertains.*

Ces jurisconsultes examinaient encore s'il y avait lieu à rapport dans les cas suivants : le père a renoncé à un legs dont se trouvait débiteur envers lui l'un de ses enfants institué légataire par un tiers , sous la charge de ce legs ; ou bien, toujours dans le cas de renonciation du père, le legs a été fait au père avec substitution vulgaire au profit de l'enfant ; ou encore le père et le fils ont été institués conjointement légataires. Pothier ( Int. à la C. d'Orléans , tit. 17, n° 70 ), décidait que le fils ne devait pas rapporter, tandis que Lebrun et Merlin écrivaient, contrairement à l'avis de Pothier, que l'enfant doit le rapport du legs qu'il a recueilli par l'effet de la répudiation du père. — Cette question devait, ce semble, être résolue dans le sens de ces deux derniers jurisconsultes , car, si ces renonciations sont un moyen d'avantager indirectement l'un des successibles , il y a lieu à l'application du principe qui domine cette matière et qui est celui-ci : le rapport est dû toutes les fois que le successible se trouve avoir reçu quelque chose du défunt ; toutes les fois que ce dernier a fait sortir quelque chose de son patrimoine pour le faire passer à ses enfants. La théorie des rapports en droit coutumier n'était pas en effet régie par la loi romaine, d'après laquelle on disait que celui qui renonce à un droit de ce genre, ne diminue pas son patrimoine, mais qu'il néglige de l'augmenter.

Sont rapportables encore les offices vénaux de judicature, et en général ce qui a été employé pour l'établissement de l'enfant ; ou encore les sommes que le père a avancées, soit à titre de prêt fait à son fils, soit pour payer ses dettes.

Toutefois certaines choses, bien que constituant une donation, ne sont pas sujettes au rapport. Ferrière cite à ce sujet :

1º La nourriture des enfants et leur entretien ;

2º Les frais faits pour l'éducation des enfants, pour l'obtention de certains grades universitaires, et pour l'achat des livres nécessaires aux études ;

3º Les présents de noces ;

4º Les revenus, fruits et intérêts des choses dont le fils a joui pendant la vie du père ; car, dit Pothier, l'enfant ne doit le rapport que de ce qui lui a été donné ; or, on ne lui a donné que l'héritage et non les fruits, bien qu'ils aient été perçus à l'occasion de l'héritage.

### Comment s'opère le rapport ?

Les enfants venant à la succession des père ou mère, dit l'article 304 de la coutume de Paris, doivent rapporter ce qui leur a été donné pour, avec les autres biens de la succession, être mis en partage ou moins prendre. Tels étaient aussi à peu près les termes de l'art. 306, C. d'Orléans.

Il y a donc deux sortes de rapports, qui consistent dans la

remise réelle ou fictive de ce qui a été donné : le rapport en nature et en moins prenant.

Le rapport des immeubles doit se faire en nature; l'art 305 c. de Paris, et 306 c. d'Orléans, le déclarent formellement; le donataire sera tenu de les rapporter en essence et espèce. Mais le donateur pourrait-il, par une clause spéciale, déroger à cette règle et laisser le donataire maître de n'en rapporter que la valeur? Il en serait ainsi dans les coutumes qui permettent au donateur d'interdire le rapport ou de le modifier; mais il ne saurait en être de même dans les coutumes d'égalité, où le rapport a été prescrit, dit Pothier, pour établir entre les enfants une égalité parfaite, qui ne le serait pas, si l'un pouvait conserver de bons héritages, pendant que les autres n'auraient que de l'argent, dont ils auraient souvent de la peine à faire un bon emploi.

Puisque l'héritage doit être rapporté *in specie*, il s'ensuit que cet héritage est aux risques de la succession, et que le donataire ne doit pas être responsable de sa perte arrivée fortuito casu. Cette solution n'est, en effet, que l'application des principes de droit commun : *debitur rei certæ, rei interitu liberatur.*

Dans le cas de rapport en nature, l'héritier qui l'effectue doit être rempli des dépenses utiles et nécessaires qu'il a faites pour la conservation ou l'amélioration de l'héritage donné; toutefois si ses cohéritiers refusent de lui rembourser ses impenses, il ne sera tenu que du rapport de la valeur qu'ont les héritages lors de l'ouverture, déduction faite desdites impenses. (Art. 305, C. de Paris.) Le donataire qui ne serait pas payé de ses dépenses aurait donc un droit de rétention; mais les jurisconsultes lui accordaient, en outre, une action de *in rem verso* contre ses cohéritiers, lorsque le rapport avait été effectué in specie.

L'héritier ne pouvait demander aucune indemnité pour les dépenses voluptuaires, qu'il avait seulement le droit d'enlever *sine lesione prioris status rei.*

Le rapport en nature pouvait être suppléé par le rapport en moins prenant : 1° quand il y avait dans la succession des héritages de même valeur et bonté ; 2° si les cohéritiers refusaient de rembourser les impenses utiles ou nécessaires ; 3° si la chose avait été aliénée, pourvu toutefois que l'aliénation fût nécessaire ou indispensable ; 4° si la chose avait péri par la faute du donataire.

On discutait dans l'ancien droit comment devait se faire le rapport des meubles ; certains jurisconsultes, notamment Duplessis et Lebrun, distinguaient entre les meubles qui ne sont pas de nature à se détériorer par l'usage, comme les diamants et les perles, et ceux qui devaient être dégradés par l'usage ; ils décidaient que le rapport des premiers s'effectuerait en nature, tandis que le rapport des seconds ne devait s'opérer qu'en moins prenant. — Mais cette distinction ne fut pas admise, comme l'attestent Pothier (des Succ., chap. VI, art. 2, § 7) et Bourjon (des Com. de la France, tit. 17, 1re partie, chap. VI, sect. 5), et le rapport des meubles susceptibles ou non de dépérir par l'usage, dut, d'après le droit commun, s'opérer en moins prenant.

Le donataire devenait donc propriétaire de l'effet mobilier dès le jour de la donation, de telle sorte qu'il n'était assujetti au rapport que de l'estimation du meuble, telle qu'elle avait été fixée dans la donation même. Il en résultait que le meuble donné était, dès ce moment, à ses risques, de quelque manière qu'arrivât la perte de l'objet mobilier, et que dans aucun cas il ne pouvait être dispensé du rapport, puisqu'il n'était débiteur que d'une quantité, d'une somme, ce qui constitue toujours une dette invariable.

## Effets du Rapport.

Lorsque la donation qu'a reçue le donataire n'a été faite que *sous condition* du rapport, elle se trouve dès son origine affectée dans son essence même, et soumise à une résolution qui a lieu plus tard ex antiquâ causâ; il paraît donc naturel, puisque le donataire ne pouvait transmettre à ses ayants-cause qu'une propriété résoluble, d'appliquer à l'égard des tiers la maxime: resoluto jure dantis, solvitur jus accipientis. Cette application serait ici d'ailleurs très-conforme aux principes particuliers de notre sujet, qui a pour but de remettre la succession au même état que si l'immeuble n'était pas sorti des mains du défunt.

Toutefois, cette maxime n'est applicable qu'en ce qui concerne les diverses charges créées par le donataire, comme une hypothèque, un usufruit, une servitude réelle; ou celles qui ont pu seulement s'établir de son chef, comme une hypothèque légale ou judiciaire (Pothier, Int. à la C. d'Orléans, tit. 17, n° 95). Mais elle cesse de s'appliquer dans le cas d'aliénation par le fait du donataire de l'immeuble soumis au rapport; dans ce cas, le rapport s'effectue en moins prenant, comme nous l'avons vu. Il est probable que le droit coutumier avait admis cette dérogation à la règle: soluto jure, etc.... pour garantir les tiers acquéreurs contre des évictions qui se seraient trop souvent renouvelées, et pour ne pas exposer d'ailleurs les cohéritiers à des recours en garantie de la part des tiers acquéreurs.

Il est à remarquer que dans le cas où les tiers n'auraient sur l'immeuble qu'une hypothèque générale, si le donataire se trouvait avoir d'autres immeubles que ceux qui étaient assujettis au rapport, ces tiers pouvaient reporter sur ces immeubles leur hypothèque générale, sans craindre d'être primés par les créan-

ciers hypothécaires [antérieurs, puisque l'hypothèque était oc-
culte, excepté toutefois dans les pays de nantissement.

### Droit Intermédiaire.

Les tendances essentiellement égalitaires de la révolution de 1793
devaient influer puissamment sur la loi des successions, qui fut
rendue le 17 nivôse an ii, par la Convention Nationale. Il ne faut
donc pas s'étonner si notre législation révolutionnaire consacra
tout d'abord, en le généralisant, le système des coutumes d'égalité parfaite, qui étaient d'ailleurs celles qui, suivant Pothier,
avaient le mieux conservé l'esprit de notre ancien droit français
en matière de rapports. — Animée, en outre, d'un esprit de
réaction bien légitime contre les priviléges et les castes, elle mit
tous ses soins à effacer de nos lois comme de nos mœurs tout
vestige de l'ancien système féodal. C'est ainsi que la loi des vi-
lains devint, avec la loi de nivôse, la règle générale de la France,
et qu'une égalité absolue entre tous les enfants remplaça pour
toutes les classes de la société les anciens priviléges de masculinité
et d'aînesse du régime féodal. — Ces idées d'égalité rigoureuse
s'étaient déjà manifestées au sein de l'Assemblée Constituante, et
l'on avait demandé que le père fût dépouillé de la faculté de tester
au profit de ses descendants. La loi de nivôse statua plus tard
non seulement pour les legs, mais encore pour les dons entre-
vifs, et l'article 9 de cette loi soumît au rapport toutes les libéralités de quelque nature qu'elles fussent, tant dans la ligne
directe que dans la ligne collatérale.

Cet article, outre qu'il effaçait l'ancienne règle de l'incompatibilité des qualités d'héritier et de légataire, défendait à tout
héritier de conserver le don ou le legs, même en renonçant; elle
avait cela de commun, au moins pour les donations entre-vifs,

avec les coutumes d'égalité parfaite, mais avec cette différence toutefois, que la loi de nivôse s'étendait aux collatéraux, tandis que les prescriptions des coutumes d'égalité parfaite ne s'étendaient qu'aux descendants en ligne directe. On avait eu évidemment pour but d'empêcher une inégalité favorable à l'aristocratie, et d'éteindre ainsi peu à peu les priviléges et les monopoles qui sont les accessoires des trop grandes fortunes. — L'intention était bonne; mais on alla trop loin, et ce fut précisément ce radicalisme exagéré qui amena bientôt l'abrogation de cette loi. « C'est « en effet, dit Guy-Coquille, une grande servitude et misère « aux pères et mères, de n'avoir pas la liberté de leurs biens, de « n'avoir aucun moyen de récompenser les services et officiosités « de leurs enfants, et tenir en subjection et crainte ceux qui ne « leur sont pas obséquieux. » ( Inst. du Droit français, tit. des Donations. )

L'art. 16 de la loi de nivôse permettait toutefois de disposer en faveur d'un étranger, d'un dixième, en présence d'héritiers en ligne directe, et d'un sixième, quand il n'y avait que des collatéraux ; mais cet article proclamait expressément de nouveau une incompatibilité absolue entre les qualités de successible et de donataire ou légataire.

La loi de nivôse avait de plus un effet rétroactif, et frappait de nullité « toutes les successions de père, mère ou autres ascendants et des parents collatéraux, ouvertes depuis et compris le 14 juillet 1789, nonobstant toutes les lois, coutumes, donations, testaments et partages déjà faits ( art. 9, l. du 17 nivôse ). » Cet oubli d'un principe si éminemment nécessaire à l'ordre social enfanta des difficultés sans nombre, et jeta la perturbation dans un grand nombre de familles; aussi la loi de nivôse dut-elle être suspendue par les lois des 5 floréal et 9 fructidor an III, et son effet rétroactif aboli par la loi du 18 pluviôse an v. Toutefois ses dispositions principales conservèrent leur effet jusqu'à la loi du 4 germinal an VIII, qui vint la remplacer.

Cette dernière loi augmenta la quotité disponible, et permit de disposer en faveur de tout successible, soit en ligne directe, soit en ligne collatérale, de la même quotité de biens dont on aurait pu disposer en faveur d'un étranger. La quotité disponible fut fixée à un quart des biens, lorsqu'il y avait moins de quatre enfants; à un cinquième, s'il y en avait quatre; à un sixième pour cinq; elle fut ainsi déterminée par une fraction des biens corrélative au nombre d'enfants plus un.

Les libéralités, portait l'art. 5 de la loi de germinal, les libéralités autorisées par la présente loi pourront être faites au profit des enfants ou autres successibles du disposant, *sans qu'elles soient sujettes au rapport.* Quel était le vrai sens de ces derniers mots? ces mots qui ont donné lieu à une longue controverse, devaient s'entendre dans le sens d'une dispense légale de rapport, d'après une opinion que la Cour de Riom a consacrée. Cette opinion se basait sur une interprétation judaïque des termes de l'art. 5, et d'ailleurs sur ce fait que la loi de nivôse ayant aboli toutes les lois, coutumes et usages relatifs à la transmission des biens par succession, la loi de germinal n'avait pas voulu les faire revivre, puisqu'elle n'en contenait aucune disposition expresse.

La majorité des auteurs soutenait, au contraire, que l'article se bornait à permettre les avantages au profit des enfants, sans dire à quelle condition ils pouvaient être faits, et pensait dès lors que rien dans la loi de germinal n'autorisait à dire que cette loi eût prononcé elle-même, de plein droit, la dispense du rapport.

# DROIT FRANÇAIS.

### Notions préliminaires.

Nous avons remarqué au début de cette étude que la collatio
prétorienne avait dû sa naissance à une pensée d'équité, de justice; cette institution a toujours conservé, depuis son origine et
malgré ses transformations, ce caractère que de nos jours nous
retrouvons encore dans les dispositions du Code Napoléon ; aussi
le mot d'Ulpien, que Tribonien avait placé comme une sorte d'introduction à la matière du rapport, n'a pas cessé d'être vrai dès
son origine et à travers les siècles : *hic titulus manifestam
habet æquitatem.*

Mais si l'institution est en elle-même juste et équitable, il en
existe peu peut-être qui aient subi plus de changements et de variations. Cela tient sans doute à ce qu'aucune institution ne se
rattache d'une manière plus intime à l'état général de la société
et de la famille, sous les modes divers de législation et de
gouvernement.

Laissant de côté les systèmes absolument égalitaires de quel-
ques-unes de nos coutumes et de la loi de nivôse, les rédacteurs
du Code Napoléon se sont rapprochés des règles admises dans le
dernier état de la législation Justinienne; et parmi les trois classes de coutumes que nous avons énumérées plus haut, ils ont
rejeté les principes des coutumes d'égalité parfaite, ou de simple
égalité, pour s'en tenir aux coutumes de préciput, dont l'esprit
est d'ailleurs analogue à celui qui, dans le droit intermédiaire,
avait dicté l'article 5 de la loi de germinal.

Le système des coutumes de préciput, qu'ils ont consacré, est

certainement le plus approprié aux mœurs de notre société fran-
çaise ; aujourd'hui que la puissance paternelle n'existe plus en
quelque sorte que de nom, et que les liens qui retiennent l'enfant
sous l'autorité de son père se brisent de bonne heure, il était
juste, il était politique même que le père pût d'une manière quelconque récompenser les preuves d'affection des uns, comme aussi
punir l'abandon des autres.

Les rédacteurs ne pouvaient donc pas vouloir de cette égalité
absolue, aveugle, qui ne permettait pas au père de famille de récompenser ou de punir, et de réparer les différences que des
causes diverses amenaient entre les enfants. Ils ne pouvaient pas
vouloir non plus de cette égalité simple qui entraînait des conséquences choquantes, qui ne permettant pas au père de dispenser du rapport, laissait pourtant au successible le droit de s'en
dispenser lui-même.

Les rédacteurs n'ont pas accepté non plus le principe de l'ancienne règle de l'incompatibilité des qualités d'héritier et de légataire, dans ce que cette règle avait d'absolu, d'essentiellement
prohibitif ; ils l'ont remplacée par une présomption basée sur
l'intention présumée du défunt, et fondée sur cette idée, qu'à
moins de manifestation expresse, le défunt n'a pas voulu que le
successible auquel il a fait une libéralité, cumulât cette libéralité avec sa part héréditaire. Cette présomption légale n'est pas
moins applicable pour les donations entre vifs que pour les legs ;
de telle sorte que, s'il est vrai que l'ancienne règle de l'incompatibilité se trouve restreinte dans son caractère essentiellement
exclusif, elle se trouve au contraire élargie dans un sens, puisqu'à moins de volonté contraire, il y a incompatibilité entre les
qualités de successible, et celles de légataire et même de *donataire*.

Cette présomption légale, basée sur l'intention qu'a dû avoir le défunt de maintenir l'égalité entre les cohéritiers, peut très-bien se justifier en ce qui concerne les donations entre vifs. Il est tout naturel en effet que la donation soit présumée faite en avancement d'hoirie et constitue une simple avance sur sa part héréditaire, puisqu'elle procure à l'enfant d'incontestables avantages en favorisant son établissement par mariage ou autrement, puisqu'elle lui permet de retenir jusqu'à l'ouverture de la succession les fruits quelconques qu'il peut retirer des biens donnés.

Mais quelle utilité retirera-t-il du legs dont la quotité ne dépasse pas ou même n'égale pas sa part héréditaire ? Il le reçoit pour le rendre immédiatement, sans pouvoir retirer aucun fruit de cette libéralité. On devait donc, avec le droit romain, restreindre l'obligation du rapport aux dons entre vifs, et reconnaître que les legs faits à un successible emportent avec eux une présomption de préciput. Il est probable, comme le dit M. Demolombe, que cette disposition n'est qu'un vestige de l'ancienne règle de l'incompatibilité des qualités d'héritier et de légataire, dont le législateur a conservé une conséquence, en même temps qu'il en abrogeait le principe. Les rédacteurs du Code ont pensé qu'il était juste qu'un mourant pût, au moyen de quelques avantages préciputaires, récompenser l'affection de celui de ses parents qui avait manifesté le plus d'attachement pour lui; mais, novateurs timides, ils n'ont pas osé rompre complètement avec le principe qui avait régi le pays pendant plusieurs siècles, et interpréter le legs dans le sens d'un avantage préciputaire ; ils ont exigé une déclaration expresse du testateur, à défaut de laquelle, dominés qu'ils étaient par les principes anciens du droit coutumier, ils ont soumis au rapport les legs, comme les donations.

Les commentateurs du Code Napoléon, tout en admettant d'ailleurs que l'égalité est le principe fondamental sur lequel repose le système de nos lois en matière de succession, ont assigné néanmoins des bases juridiques diverses à l'obligation du rapport. — Les uns, comme M. Duranton (tom. VII, n° 213), ont uniquement vu dans cette obligation le moyen de conserver l'égalité entre les successibles. Zachariæ a rattaché l'obligation du rapport au système du condominium germanique, et en a cherché le fondement dans le principe que l'un des communistes ne doit pas s'enrichir aux dépens des autres. D'autres, et en majorité, ont pensé « que la base du rapport, ou plutôt sa cause efficiente, « est avant tout l'intention présumée du défunt, qui est réputé « n'avoir pas voulu que le successible auquel il a fait une li- « béralité cumulât cette libéralité avec sa part héréditaire. » M. Demol., tom. IV des Succ., n° 163, Aubry et Rau, sur Zach., tom. V, § 628; Chabot, art. 843, n° 1; Grenier, des Don. II, n°s 481 et 482; Mourlon II, n° 368.

Cette dernière opinion, d'ailleurs très-rationnelle, paraît avoir été celle de nos législateurs qui, tout en désirant maintenir l'égalité entre les cohéritiers, ont voulu permettre au de cujus d'y déroger dans certaines circonstances. Rien en effet de plus conforme à la nature que de présumer chez l'auteur d'une disposition entre vifs ou testamentaire, qui n'a pas été accompagnée ou suivie d'une dispense de rapport, l'intention de ne pas rompre l'égalité, en ne permettant pas au donataire ou au légataire de réclamer, outre son don ou son legs, sa part héréditaire dans la succession. Telle était, au reste, la doctrine émise par Chabot, dans son rapport au Tribunat : la présomption de la volonté du défunt, disait-il, est en faveur du rapport, lorsqu'il n'en a pas dispensé, quoiqu'il eût ce droit.

### Différences entre le rapport et la réduction.

Comme le rapport, la réduction n'est, à un certain point de vue, que la remise à la masse partageable des biens qui en faisaient précédemment partie ; quelles différences existe-t-il donc entre deux matières dont les effets sont les mêmes. Certains jurisconsultes ont pensé qu'il fallait laisser au purisme des docteurs à faire une distinction scientifique entre ces deux termes ; ils ont remarqué d'ailleurs que le Code lui-même employait souvent l'expression de rapport pour celle de réduction, notamment dans les articles 844, 866 et 918.

Il est vrai qu'entendu dans une acception large, le rapport n'est autre chose que la remise à faire à une succession d'un objet qui en est sorti, et peut dès lors se prendre dans le sens de réduction. Mais si l'on examine l'acception spéciale, juridique de ces deux termes, on voit aussitôt surgir une grande différence dans les principes qui règlent les deux matières.

Le but du rapport est de maintenir l'égalité entre tous les héritiers, et dès lors il n'est dû que par le cohéritier à son cohéritier, à moins d'une dispense formelle, et quelque modique d'ailleurs que soit le don ou le legs. Le but de la réduction, au contraire, est d'assurer à certains héritiers privilégiés une portion du patrimoine qu'on appelle la réserve, en faisant rentrer dans les limites de la quotité disponible les libéralités qui l'ont dépassée. Elle ne peut donc être demandée que par les héritiers réservataires, et contre tous donataires ou légataires, héritiers ou étrangers, peu importe.

Mais à côté des conséquences nécessitées par une différence dans les règles qui gouvernent l'une et l'autre matière, il existe encore d'autres diversités qui ont trait spécialement au mode d'exécution, et qui sont formellement constatées par plusieurs articles du Code Napoléon.

C'est ainsi qu'en matière de rapport, les immeubles sont estimés suivant leur valeur au moment de l'ouverture de la succession (art. 860), lorsque l'immeuble aliéné par le donataire ne peut se rapporter qu'en moins prenant ; et que les meubles (art. 868) ne se rapportent que d'après l'état estimatif annexé à l'acte de donation. — En matière de réduction, au contraire, on ne distingue pas, et les immeubles comme les meubles sont rapportés suivant leur état lors de la donation, et leur valeur lors de l'ouverture de la succession, sans qu'on ait à tenir aucun compte des changements survenus dans l'intervalle de la donation au décès, lorsque ces changements sont toutefois le fait du donataire.

Il suit de là une seconde différence en ce qui concerne les meubles. En matière de rapport, le successible n'est pas tenu de remettre les meubles *in specie*, il n'est tenu que du paiement de leur estimation ; et dès lors de même qu'il bénéficie des améliorations, de même leur perte se trouve être à sa charge. — En matière de réduction, au contraire, il est débiteur des meubles eux-mêmes ; si ces meubles viennent à périr, c'est la succession qui en supporte la perte, ou bénéficie des augmentations, conjointement avec le donataire.

Les intérêts des choses sujettes au rapport sont toujours dûs dès l'ouverture de la succession, tandis que, dans le cas de réduction exercée contre le donataire lui-même, ils sont bien dûs du jour de l'ouverture de la succession, si la demande a été faite dans l'année, mais ils ne courent que du jour de la demande, au cas où la demande en réduction aurait été faite après l'année do l'ouverture ; cette différence so conçoit aisément , puisque le donataire ou légataire sans préciput sait toujours qu'il est soumis au rapport , tandis qu'il peut ignorer si la libéralité qu'il a reçue est réductible.

Enfin il résulte de l'article 860 que le rapport ne peut atteindre les tiers acquéreurs, tandis que d'après l'art. 930 , la réduction doit s'exercer contre les tiers détenteurs dans le même ordre que contre les donataires , et suivant l'ordre des dates de leurs aliénations, mais toutefois discussion faite des biens des donataires.

### Des faits auxquels s'applique la théorie des rapports.

Le rapport n'est qu'une opération préliminaire du partage, puisqu'il a pour but de préparer la composition des lots par une remise, soit réelle, soit fictive, de tout ce qui était sorti à des titres divers du patrimoine du de cujus. Le législateur qui a séparé ces deux matières en deux sections, à cause de leur importance respective, n'a dans la section du rapport où il a exposé un système complet sur la matière, n'a, disons-nous, mentionné spécialement que deux catégories de faits auxquels puisse s'appliquer la théorie du rapport.

Les art. 843 à 869 que les rédacteurs ont consacré à la matière, s'occupent en effet uniquement des dons ou des legs; mais le législateur assimilant dans l'art. 829, l'héritier débiteur du défunt à l'héritier donataire, a également soumis au rapport les dettes que l'un des héritiers avait contractées, soit envers le défunt, soit envers la succession. La théorie du rapport comprend donc trois sortes de faits : 1° les dons ; — 2° les legs ; — 3° les dettes.

Il faut remarquer toutefois que l'expression de rapport ne saurait être rigoureusement exacte que pour les dons, tandis que pour les legs et les dettes, cette expression est ou impropre ou trop large. En effet, et pour ce qui concerne les legs, puisque le rapport est la remise à la masse de la succession des biens qui en étaient précédemment sortis, comment pouvoir remettre dans la masse partageable ce qui en a toujours fait et en fait encore partie intégrante? On ne peut pas néanmoins reprocher au législateur de n'avoir pas saisi cette distinction, car elle ressort clairement de la disposition de l'art. 843 ; « tout héritier, dit cet article, doit *rapporter* ce qu'il a reçu du défunt par donation entre-vifs...; il ne peut *réclamer* les legs à lui faits. Ce n'est que dans les dispositions subséquentes, que nos législateurs, sacrifiant l'exactitude des termes à la brièveté du langage, n'ont pas jugé nécessaire de distinguer entre les dons et les legs, en appliquant pour chacune de ces libéralités une terminologie différente.

Pour ce qui concerne les dettes, le législateur, à l'exemple des anciens auteurs du droit coutumier (Bourjon, D. Com. de la France, tit. 17, 2ᵉ partie, chap. VI, sect. II, nº 8), a également pris l'expression de rapport dans un sens large, et pour signifier toute livraison, toute prestation à faire par l'héritier à la masse. Le rapport des dettes n'est en effet autre chose qu'un *paiement*, et tandis que l'héritier peut se soustraire au rapport en renonçant à la succession, il ne peut par aucun moyen éviter de payer ce qu'il doit au défunt. — On a fait d'ailleurs observer avec raison que les règles relatives au rapport proprement dit, soit eu égard à la manière dont il s'effectue, soit eu égard aux obligations qu'il impose et aux droits qu'il confère aux divers cohéritiers les uns vis-à-vis des autres et de leurs créanciers personnels, sont également applicables au paiement des dettes dont il vient d'être parlé. C'est ainsi que les sommes dues par l'héritier au défunt commencent à produire des intérêts à partir de l'ouverture de la succession, bien que ces dettes ne soient pas productives d'intérêts d'après le titre constitutif de la créance.

*Principes généraux de la matière.* — Le législateur a pris l'égalité entre les successibles pour base du système de nos lois en matière de succession. Il n'a pas voulu d'une égalité absolue, puisqu'il a permis d'y déroger dans une certaine mesure, et qu'il a laissé le de cujus maître de dispenser son héritier du rapport ; mais s'il n'y a pas dans les dispositions du donateur de manifestation expresse, spéciale, son silence doit s'interpréter dans le sens d'une égalité entre les héritiers, et le donataire ou légataire ne peut cumuler sa part héréditaire avec le don ou le legs. Ainsi la cause juridique du rapport est donc le désir de maintenir l'égalité entre les cohéritiers, en interprétant dans ce sens la volonté présumée du défunt.

Toutefois l'héritier donataire ou légataire peut ne pas vouloir conserver sa qualité d'héritier, et renoncer à la succession; il est alors considéré comme un étranger donataire ou légataire, et comme lui encore, il peut conserver son don et son legs, pourvu que cette libéralité ne dépasse pas la quotité disponible.

En règle générale donc : toute disposition entre-vifs ou testamentaire sans clause de préciput, sera considérée comme un avancement d'hoirie, que l'héritier qui ne renoncera pas à la succession sera tenu de rapporter.

Nous examinerons successivement : Par qui est dû le rapport ? — A quelle succession il est dû ? — Quelles choses sont sujettes au rapport ? — A qui le rapport est dû ? — Comment il s'opère ?

### I. — PAR QUI EST DU LE RAPPORT?

L'art. 843 répond à cette question ; cet article contient en quelque sorte en germe toutes les dispositions qui vont suivre, et peut être considéré comme le programme de la matière, dont les règles s'y trouvent résumées.

« Tout héritier, dit l'article 843, même bénéficiaire, venant à une succession, doit rapporter à ses cohéritiers tout ce qu'il a reçu du défunt directement ou indirectement ; il ne peut retenir les dons ni réclamer les legs à lui faits par le défunt, à moins que les dons et legs ne lui aient été faits expressément par préciput et hors part, ou avec dispense du rapport. »

Le rapport se trouve donc dû par *tout* héritier ; mais est-ce, comme sous la législation justinienne, tout héritier ab intestat et testamentaire ? Il ne saurait en être ainsi aujourd'hui que le législateur, après avoir adopté le principe admis par nos coutumes, que la loi seule fait des héritiers, et que la volonté de l'homme ne peut faire que des légataires, décide d'ailleurs dans l'art. 857 que l'obligation du rapport ne concerne jamais les légataires. L'art. 843 ne comprend donc que les héritiers qui sont appelés par la loi à la succession ab intestat du donateur ou du testateur.

Les termes de l'article sont de la plus grande généralité ; *tout héritier* ; peu importe dès lors que ce soit un héritier en ligne directe ou collatérale, pourvu que ce soit un parent légitime venant en vertu de la vocation de la loi. Contrairement donc à ce qui avait lieu en Droit romain et dans notre ancien Droit, les rédacteurs ont soumis à l'obligation du rapport les descendants,

7

les ascendants et les collatéraux , quand même les divers cohéritiers qui se trouveraient en présence n'appartiendraient pas à la même ligne ou ne seraient pas tous du même degré. C'est ainsi que les collatéraux seraient soumis au rapport dans le cas de concours avec des ascendants, et que reciproquement les ascendants rapporteraient en présence des collatéraux.

Que l'héritier accepte la succession purement et simplement, ou sous bénéfice d'inventaire, peu importe encore. Dans l'opinion du législateur qui avait d'ailleurs pour but de trancher par cet article une question controversée en droit coutumier , l'acceptation bénéficiaire ne modifie pas les obligations de l'héritier vis-à-vis de ses cohéritiers, et il est toujours tenu du rapport, même après avoir fait l'abandon de tous les biens de la succession , aux termes de l'art. 802 ; ce n'est que vis-à-vis des créanciers et des légataires que cette acceptation peut produire son effet, par la séparation qu'elle entraine entre les biens de l'héritier et ceux de la succession.

Il faut remarquer que le rapport n'est dû qu'individuellement, et seulement par l'héritier qui a reçu une libéralité rapportable ; peu importe qu'il fasse partie d'une ligne ou d'une souche dans lesquelles se trouvent plusieurs autres cohéritiers, le rapport n'est jamais dû par une ligne à l'autre ou une souche à l'autre, mais par un cohéritier à ses cohéritiers, *singuli* à *singulis*. Il en résulte cette conséquence que si l'héritier d'une ligne renonce à la succession en gardant la libéralité que lui a faite le défunt, ses cohéritiers de la même ligne ont droit à leur part respective dans la succession, sans qu'il y ait lieu d'imputer sur la portion afférente à cette ligne le montant de la libéralité que le de cujus avait faite au renonçant.

Mais le mot héritier de l'art. 843 ne doit-il comprendre que les héritiers qui ont la saisine héréditaire, ou bien ce mot doit-il embrasser dans sa généralité tous, les successeurs quelconques que la loi elle-même appelle à une succession ab intestat : ainsi, les enfants naturels, les père et mère, frère et sœur des enfants naturels? L'affirmative doit être admise, car, outre qu'il arrive souvent aux rédacteurs d'employer le mot héritier dans un sens plutôt pratique que juridique, pour désigner toute personne qui succède en vertu de la loi (v. les art. 729, 815, 841, etc.), l'art. 760 le dit formellement d'ailleurs pour les enfants naturels, concourant avec des successeurs réguliers, et le législateur organise sous le nom d'imputation un rapport spécial pour ces successeurs irréguliers.

### De l'Imputation.

Mais, qu'est-ce précisément que cette imputation? Forme-t-elle avec le rapport deux théories soumises l'une et l'autre à des règles différentes?

Cette dernière question a été controversée: les uns ont dit que l'imputation et le rapport ne devaient pas s'opérer de la même manière; que si le rapport s'effectuait tantôt en nature, tantôt en moins prenant d'après des distinctions que nous aurons à examiner plus tard, l'imputation ne devait jamais s'opérer qu'en moins prenant, en précomptant sur la part de l'enfant naturel la valeur du bien au jour où il l'a reçu ; que dès lors, et comme conséquence de cette différence, si l'héritier légitime n'était tenu de rapporter ni l'immeuble qui a péri par cas fortuit, ni sa valeur au moment de la donation, il n'en serait pas de même du successeur irrégulier qui, uniquement débiteur d'une somme d'argent, n'est pas libéré de l'obligation, puisqu'il doit simplement précompter sur sa part héréditaire une somme qui a été fixée lors de la donation.

D'autres jurisconsultes ont dit que l'imputation n'était autre chose que le rapport proprement dit, modifié toutefois par la condition d'enfant naturel. Ils se sont basés sur ce que la loi fixant les droits de l'enfant naturel à une fraction de la portion qu'il aurait eue s'il eût été légitime, cette fraction doit donc être déterminée d'après les règles ordinaires du rapport; sur ce que d'ailleurs l'art. 760 renvoie pour l'imputation aux règles à observer pour le rapport, de sorte que les mêmes choses qui sont rapportables sont aussi imputables. — Il eût été enfin étrange, disent ces jurisconsultes, que l'enfant naturel, qui est généralement moins bien traité que l'enfant légitime, fût dispensé de rapporter en nature et devint ainsi propriétaire irrévocable.

Mais de ce que, dans ce dernier système, le rapport et l'imputation sont régis par les mêmes règles, il ne s'ensuit pas que ces deux matières n'aient entre elles aucune différence. Ces différences, admises par tous les jurisconsultes, tiennent surtout à la condition des personnes soumises à l'imputation et à la défense faite au de cujus de leur attribuer, comme donataires ou légataires, plus qu'ils n'auraient eu comme successeurs ab intestat.

En effet, l'art. 908 déterminant une fraction qu'ils ne peuvent jamais dépasser, il s'ensuit qu'ils ne peuvent jamais recevoir des libéralités par préciput; ainsi, les dons ou legs seront toujours imputés sur ce qu'ils ont reçu, lors même qu'ils aient été faits avec dispense de rapport. En second lieu, la faveur des articles 845 et 849 ne s'étend pas aux enfants naturels, qui doivent rapporter non-seulement ce qu'ils ont reçu, mais encore les libéralités faites à leurs enfants ou à leur conjoint. — Enfin les enfants légitimes d'un enfant naturel doivent imputer sur leur part les dons faits à leur père, même lorsqu'ils succèdent de leur chef ; la faveur de l'art. 848 ne leur est donc pas applicable.

Quoi qu'il en soit de ces deux systèmes que nous avons résumés ci-dessus, il nous paraît que lorsque plusieurs enfants naturels se trouvent appelés à défaut de parents au degré successible, au partage de la succession de leur père ou mère décédés, ils sont tenus réciproquement, et comme des héritiers légitimes, de rapporter à la masse héréditaire les libéralités rapportables qu'ils ont reçues du défunt.

Le rapport est dû par tout donataire et légataire du défunt ; peu importe l'époque où la donation a été faite ; peu importe que le donataire fût ou ne fût pas héritier présomptif lors de la donation ; par cela seul qu'il se trouve l'être au jour de l'ouverture de la succession, il est soumis à l'obligation du rapport. L'art. 846 n'exige qu'une seule chose, le concours des qualités d'héritier et de donataire, sur la tête d'une personne lors de l'ouverture d'une succession. La loi présume que le défunt n'aurait fait cette donation qu'à titre d'avancement d'hoirie, s'il avait pu prévoir, lorsque cette libéralité a été faite, que le donataire viendrait à sa succession.

Mais faudra-t-il que la donation ou le legs soient faits au donataire ou au légataire personnellement, ou suffira-t-il pour donner naissance à l'obligation du rapport, que ces libéralités étant faites à ces proches, le successible en ait pu indirectement profiter ? Le droit coutumier, nous l'avons dit plus haut, soumettait au rapport les libéralités qui avaient été faites, soit à l'héritier présomptif lui-même, soit à son fils, ses ascendants ou son conjoint ; les dispositions des coutumes de Paris et d'Orléans, qui formaient le droit commun de la France, étaient en effet for-

melles sur ce point (art. 306, C. de Paris, et 308, C. d'Orléans).
— Les jurisconsultes coutumiers en donnaient pour motif que les avantages indirects étant soumis au rapport comme les avantages directs, c'était avantager indirectement un père que de faire une libéralité à son fils, surtout lorsque cette libéralité était faite en considération du père, comme la dot que l'aïeul donnait à sa petite-fille. Ce principe d'un rapport nécessité par les avantages indirects faits à un successible dans la personne de ses proches, amenait toutefois une foule de distinctions à faire suivant les cas. Il fallait, en effet, déterminer si réellement le successible avait retiré quelque profit de la libéralité qu'on supposait indirectement faite, surtout lorsque le donataire se trouvait être le conjoint de l'héritier présomptif, et les jurisconsultes se perdaient pour arriver à ce but, dans un grand nombre de distinctions et d'hypothèses.

Le Code a obvié à cet inconvénient, et il a posé ce double principe dont le dernier coupe court à toutes les distinctions des jurisconsultes anciens.

1° Le successible est-il à la fois héritier et donataire, il doit le rapport;

2° N'est-il pas *personnellement* donataire, il ne doit pas le rapport.

Tels étaient à peu près les termes dans lesquels était rédigé l'art. 162 du projet de Code civil de l'an viii ; mais la section de législation crut devoir modifier cette rédaction et ajouter que les dons et legs faits au fils du successible *seraient toujours réputés faits avec dispense du rapport*. La section de législation fit cette addition sur l'observation de M. Tronchet, principalement pour éviter que cette disposition ne donnât lieu à des fraudes, en procurant au successible marié en communauté des avantages dont le don fait à son conjoint le ferait indirectement profiter. M. Treilhard répondit bien avec raison que le père n'avait pas besoin de masquer l'avantage qu'il veut faire au conjoint successible, puisqu'il peut ouvertement le dispenser du rapport, mais M. Tronchet insista pour que l'article exprimât la présomption qu'il y aurait dans ce cas dispense de rapport.

Mais pourquoi, alors que la loi permettait au de cujus de faire des avantages préciputaires, ne pas avoir dit tout simplement que le don fait à autrui n'était pas rapportable à la différence de ce qui avait lieu en général dans nos coutumes? On eût pu sans doute le comprendre, sous l'empire de la législation coutumière, alors que cette présomption pouvait être une garantie contre les fraudes qui auraient eu pour but d'éluder les règles du rapport. Mais dans notre droit actuel, quel motif aurait eu le père de faire dans l'ombre ce qu'il pouvait faire au grand jour?

Toutefois, ces mots ajoutés à l'art. 847 ont donné lieu à des interprétations diverses; les uns, se basant sur le texte même de l'article, ont pensé que la loi posait en principe que la donation en apparence faite au petit-fils ou au conjoint non successible, s'adressait en réalité au fils ou au conjoint successible, puisque la dispense de rapport accordée au successible seul tenu du rapport, suppose bien évidemment que ce successible lui-même est le vrai donataire. D'après ces jurisconsultes, l'art. 847 supposerait bien, comme le droit coutumier, que la donation faite au petit-fils est en réalité adressée au fils; mais en admettant le même point de départ que les dispositions coutumières, la conclusion adoptée par l'article serait directement contraire. Ainsi, dans un système qui ne peut pas invoquer à son appui les travaux préparatoires du Code, l'art. 847 reposerait sur une présomption d'interposition de personnes, comme les articles 911 et 1100, dont l'art. 847 devrait être rapproché, vu qu'ils émanent d'un principe commun.

Mais cette assimilation entraînerait des conséquences graves, car s'il était vrai que le fils fût le véritable donataire, le petit-fils devrait plus tard rapporter à la succession de son père une chose qu'il tiendrait de celui-ci; et telle était la conséquence qu'on admettait généralement autrefois dans les pays de droit écrit et dans les pays de coutumes. Il faut dire d'ailleurs que les articles 911 et 1100 ne doivent pas être rapprochés de l'art. 847, car les premiers ne présument cette interposition de personnes que pour prévenir des dispositions à titre gratuit en faveur de certains incapables, tandis que cette incapacité n'existe pas dans le cas de l'article 847.

D'autres jurisconsultes ( M. Duranton, tom. VII, n° 233; M. Ducaurroy, tom. II, n° 602; M. Demolombe, tom. IV, n° 189), ont pensé que la modification apportée à l'art. 162 du projet, n'a apporté aucun changement à la pensée qui avaient inspiré les rédacteurs du Code de l'an VIII; les articles 847 à 849 ont eu uniquement pour but d'abroger les dispositions coutumières sur l'ancienne matière des rapports qui se font *pour autrui*, suivant l'expression de Lebrun; d'où il faut tirer cette conséquence qu'aucune allégation ne serait admise si elle tendait à établir que le fils est le véritable donataire, et que si le petit-fils a reçu la donation, c'est en considération du fils qu'elle a été faite.

Mais cette présomption serait-elle juris et de jure, et dans tous les cas possibles le père serait-il dispensé du rapport? Nous croyons avec la majorité des auteurs qu'il en serait toujours ainsi, à moins qu'il ne résultât de quelque acte ou convention quelconque que le fils ne se fût reconnu véritable donataire. On ne peut donc pas voir là une présomption juris et de jure.

Nous avons ci-dessus posé en principe que le rapport n'est dû que par celui en qui concourent les deux qualités d'héritier et de légataire; et que réciproquement il n'est pas dû quand ces deux qualités ne se trouvent pas réunies sur la même personne. L'article 848 fait dans deux distinctions l'application de ce double principe. En effet, ou le fils vient de son chef, proprio nomine, à la succession du donateur, et alors il ne doit pas rapporter le don fait à son père, puisque le fils est héritier et le père donataire ; ou bien le fils ne vient que par représentation de son père à la même succession, et dans ce cas, puisque fictivement c'est son père qui revit en lui, il se trouve héritier ou donataire par l'effet de cette fiction. Il devra donc rapporter le don fait à son père, qu'il en ait ou n'en ait pas profité, qu'il ait accepté ou répudié la succession.

Ceci s'explique parfaitement par l'effet de la représentation qui a pour but de mettre le représentant dans la place, dans le degré et dans les droits du représenté ; qui alterius jure utitur eodem jure ubi debet, disait-on en droit coutumier,

L'article 848 ne s'occupe que des dons qui ont été faits au père du successible ; mais si nous supposions le petit-fils venant par représentation de son aïeul, serait-il tenu de rapporter encore le don fait à son père, et enfin dans toutes les hypothèses, rapportera-t-il le don fait à lui-même ? Il est vrai, dit-on dans un système, que le petit-fils représente et remplace son père en même temps que son aïeul ; mais ce n'est, en définitive, que comme représentant son aïeul qu'il vient à la succession ; il ne rapportera donc que le don fait à l'aïeul et ne sera pas tenu de rapporter le don qui a été fait à son père, ni le don qui lui a été fait à lui-même. Si nous faisons, en effet, l'application de notre principe, quel est ici, personnellement, l'héritier et le donataire? C'est l'aïeul, en vertu de la représentation qui a mis le petit-fils à sa place. (Marcadé, art. 848, in fine).

Mais, dans un autre système, on soutient que le petit-fils doit rapporter non-seulement le don fait à l'aïeul qu'il représente, mais encore les avantages que le père et le petit-fils lui-même ont reçus du bisaïeul. Le petit-fils, dit-on, est après tout héritier; or, en vertu de l'art. 843, tout héritier doit le rapport des dons qui lui ont été faits; donc, le petit-fils doit le rapport de la donation qu'il a reçue. Ce syllogisme, qui paraît irrésistible à M. Demolombe (tom. IV, § 200) nous semble pourtant pécher par ses prémisses; la solution de cette difficulté dépend des principes particuliers de la représentation et de la réponse à faire à cette question : Quelle est, dans cette hypothèse, la position du représentant? Or, le Code nous dit : que le représentant est mis exactement dans la position où serait le représenté; que ce dernier cède, en quelque sorte à celui qui le représente, les droits généralement quelconques qu'il aurait eus, s'il avait survécu au de cujus. Ce n'est donc pas le petit-fils qui est réellement héritier ex propriâ personâ, c'est plutôt l'aïeul, par la personne de son petit-fils en qui il revit.

Le système contraire nous semble d'ailleurs entraîner des conséquences d'une extrême dureté, puisqu'en présence d'un grand-oncle, par exemple, existant encore et dont les enfants auraient à tous les degrés de l'échelle ascendante, reçu plusieurs libéralités, le grand-oncle ne rapporterait qu'une seule libéralité, celle qui lui a été faite, tandis que son arrière-petit-neveu aurait trois rapports à effectuer.

Il nous semble d'ailleurs que puisqu'il n'y a qu'un seul titre d'héritier, on ne doit non plus le placer que sur une seule tête; si on le place sur la tête de l'aïeul, il faudra rapporter le don qui lui aura été fait; si on le place sur la tête du petit-fils, ce sera seulement sa libéralité qu'il sera tenu de rapporter. — On ne peut être héritier en son nom et au nom d'un autre à la fois, puisque cette situation entraînerait un résultat choquant et permettrait de dire à l'enfant : « Ce n'est pas vous qui êtes l'hé-
« ritier, c'est votre père qui l'est par vous; donc il faut rappor-
« ter le don fait à votre père ; mais pourtant c'est bien vous qui
« êtes l'héritier, donc vous rapporterez le don qui vous a été fait.
« Il y a fiction et vous n'êtes pas l'héritier, voilà pourquoi vous
« devez le premier rapport; mais pourtant il n'y a pas de fic-
« tion, et vous êtes bien l'héritier, voilà pourquoi vous devez le
« second. » (Marcadé, art. 848.)

## SECTION II. — DISPENSE DE RAPPORT.

L'art. 843 décide, en dernier lieu, que l'héritier ne peut retenir les dons, ni réclamer les legs à lui faits par le défunt, à moins qu'ils ne lui aient été faits expressément par préciput et hors part, et avec dispense de rapport.

Le législateur adoptant les coutumes de préciput, a, en consé-quence, permis au de cujus de dispenser son héritier du rapport, et l'art. 919 du Code Napoléon a de nouveau consacré cette règle en autorisant le disposant à donner une quotité de ses biens à l'un des successibles, soit par l'acte entre-vifs, soit par testament. Mais il faut bien remarquer que cette déclaration doit être ex-presse, et que les biens donnés avec dispense de rapport ne doi-vent jamais excéder la quotité disponible.

Les articles 843 et 919 exigent une dispense expresse, c'est-à-dire manifestée par les termes mêmes de la disposition, peu importe d'ailleurs les expressions dont s'est servi le de cujus, pourvu qu'elles témoignent d'une manière certaine de sa volonté de dispenser. La loi n'impose pas de termes sacramentels et tous les jurisconsultes sont d'accord pour reconnaître que le mot expressément des art. 843 et 919, comme autrefois le mot *expressim* de la Novelle de Justinien, exprime simplement l'idée d'une manifestation non équivoque de la volonté du disposant; que cette volonté résulte d'une déclaration spéciale, consacrée, comme, par exemple, celles dont se servent les art. 843 ou 919, ou bien seulement de l'ensemble de l'acte et de la combinaison de ses diverses clauses. Aussi la question de savoir s'il y a dans telle ou telle disposition dispense expresse de rapport, est-elle un point de fait, d'interprétation laissé à l'appréciation des tribunaux, et qui, pour ce motif, échappe à la censure de la Cour suprême.

C'est ainsi qu'on voit généralement une dispense de rapport dans une disposition universelle faite au profit de l'un des successibles, car l'obligation de rapport supposant nécessairement un partage, et la disposition universelle étant précisément exclusive du partage, les autres successibles ne peuvent réclamer leur réserve que par voie de réduction.

Le de cujus aura-t-il dispensé du rapport, quand il aura déclaré donner purement et simplement sa quotité disponible? Cette question est délicate, et si les uns soutiennent l'affirmative à cause de l'idée d'avantage que cette disposition fait naître immédiatement dans l'esprit, d'autres hésitent, au contraire, et n'y trouvent pas une preuve certaine et non équivoque de la volonté du défunt.

Les partages d'ascendants renferment-ils nécessairement une

dispense de rapport pour les successibles copartagés, les uns à l'égard des autres? Evidemment, puisque le rapport serait ici l'anéantissement du partage.

Mais faudra-t-il reconnaître une dispense de rapport dans les donations que le défunt a déguisées soit sous la forme d'un acte à titre onéreux, soit par voie d'interposition de personnes?

La doctrine se divise sur ce point, et deux systèmes sont en présence. Le premier système soutient que ces sortes de donations déguisées entraînent virtuellement une dispense de rapport, tandis que le second système admet l'opinion contraire; c'est à ce dernier que la jurisprudence s'est ralliée, pour s'en séparer toutefois, sur le point de savoir de quelle manière la dispense de rapport peut être constatée et reconnue. Cette dernière division a produit un système mixte, qui prévaut aujourd'hui dans la jurisprudence, et que nous examinerons en dernier lieu.

Le système qui admet que les donations déguisées sous la forme d'un acte à titre onéreux ou par voie d'interposition de personnes, ne contiennent pas une dispense virtuelle de rapport, se fonde sur les expressions si générales de l'art. 843 : à moins de dispense expresse, tout héritier doit rapporter à ses cohéritiers tout ce qu'il a reçu du défunt par donation entre-vifs, *directement ou indirectement*. Or, dit-on, dans ce système, quoi de plus indirect que les libéralités ainsi faites par suite d'une déviation aux règles ordinaires des libéralités? C'est ainsi que l'entendait Pothier, dans les explications qu'il donnait sur l'art. 303 de la coutume d'Orléans; père et mère, disait cet article, ne peuvent par donation entre-vifs ou ordonnance de dernière volonté, ou *autrement en manière quelconque*, avantager, etc... Or, Pothier rangeait dans la catégorie de ces avantages indirects, les donations déguisées sous la forme d'un contrat à titre onéreux, ou par voie d'interposition de personnes. Il est donc probable que les rédacteurs qui avaient Pothier sous les yeux ont entendu attacher aux expressions directement ou indirectement le sens qu'attachait Pothier à des expressions équivalentes dans l'art. 303 de la coutume. (Pothier, Tr. des succ., chap. VI, art. 2).

Mais, objecte-t-on, dans le système qui admet une dispense virtuelle de rapport dans les donations déguisées, le sens donné par les partisans du système opposé au mot indirectement n'est nullement exact; autre chose sont les donations indirectes qui peuvent s'effectuer par mille moyens, comme la suppression d'un titre de créance, une renonciation à un legs, un cautionnement, etc., et les donations déguisées sous la forme d'un contrat à titre onéreux ou par personnes interposées. L'art. 843 n'entend certainement parler que des premières; nous en trouvons la preuve dans l'art. 1099 qui fait précisément cette distinction. Pourquoi ne pas entendre l'article 843 dans le sens de ce dernier article, et avec la distinction que la loi a établie?

On répond à ces arguments dans le système que nous admettons, que le sens donné aux mots directement et indirectement, ne fût-il pas déjà justifié par les précédents historiques que nous avons invoqués, il n'y a aucune distinction à faire entre les donations déguisées et les donations indirectes; car toute donation déguisée est une donation indirecte, et de quelle manière qu'elle soit faite soit à l'ombre, soit au grand jour, nous croyons que nulle, dans le cas de l'art. 1099, elle est toujours également soumise au rapport dans la matière qui nous occupe.

On fait encore remarquer dans le premier système, que puisque l'art. 843 exige une déclaration expresse de la part du défunt, pour que le successible soit dispensé du rapport, une dispense qui ne serait que tacite constituerait donc une fraude à la loi. C'est ce que démontrent les articles 853 et 854, qui exigent que les conventions à titre onéreux passées entre le défunt et l'un des successibles ne présentent aucun avantage indirect, sous peine d'être soumises au rapport. En vain, le système contraire prétend-il qu'il n'est question ici que d'avantages indirects faits d'une manière patente (Aubry et Ran, § 632); en vain d'autres commentateurs entendent-ils les mots *sans fraude* de l'art. 854, des avantages qui auraient pour but de se soustraire aux dispositions légales sur les incapacités de disposer ou de recevoir, et sur la quotité disponible (Marcadé, art. 854, Toullier, n° 474, etc.); on répond aux premiers que la loi ne fait aucune distinction entre les libéralités patentes et les libéralités latentes, et que l'article recevrait d'ailleurs son application dans tous les cas. — On répond aux seconds, qu'il n'est ici question que de rapports, et non de capacité personnelle; que ces articles ne peuvent d'ailleurs s'expliquer qu'autant que l'on soumet aux règles générales du rapport les donations déguisées aussi bien que toutes les autres donations.

Le système qui admet une dispense virtuelle du rapport dans les donations déguisées distingue, avons-nous dit, entre les donations indirectes qui peuvent s'effectuer par divers moyens, et les donations déguisées pour lesquelles on a spécialement recours soit à un contrat à un titre onéreux, soit à une interposition de personnes. L'article 843 ne s'appliquerait dans ce système qu'aux premières, et laisserait de côté les secondes.

Le défunt a-t-il employé une interposition de personnes, les partisans de ce système se fondent sur la rédaction des articles 847 et 849, et ne voient dans les deux cas où la personne interposée est le fils ou le conjoint du successible, que deux hypothè-

ses qui servent simplement d'exemple. Cet argument tombe
devant l'explication que nous avons donnée de ces articles où
nous n'avons pas reconnu, d'après les précédents historiques,
une interposition de personnes, mais simplement l'application de
la règle que, pour être soumis au rapport, il fallait être en même
temps donataire et héritier.

En ce qui concerne les donations déguisées sous la forme d'un
contrat à titre onéreux, les partisans du système que nous ana-
lysons mettent en avant l'art. 918, qui dispense du rapport les
libéralités déguisées sous la forme de ventes, à charge de rente
viagère, à fonds perdu ou avec réserve d'usufruit, faites à l'un
des successibles; la disposition de cet article constituerait, selon
les partisans de ce système, non une exception à la règle de
l'art. 843, mais une application du principe, que la simulation
emporte par elle-même, dispense du rapport.

Mais cet article, que certains défenseurs de ce système écar-
tent eux-mêmes, comme inutilement invoqué dans la discussion,
y est, en effet, complétement étranger. Les aliénations dont parle
cet article sont-elles, en effet, réellement à titre gratuit ou onéreux ? Cela a paru douteux au législateur qui, par une sorte de
transaction et en les considérant néanmoins comme des libéralités, les a cependant imputées sur la quotité disponible, en soumettant l'excédant au rapport. Il faut remarquer, d'ailleurs, que
cet article n'est pas applicable aux successibles en ligne collatérale.

On est venu en dernier lieu (MM. Aubry et Rau, § 632),
pour soutenir la dispense virtuelle du rapport, invoquer les
principes généraux en matière de simulation. On a dit : que
l'acte simulé étant toujours légal et régulier, lorsque la loi le
tolère, et qu'il ne porte aucun préjudice aux tiers, doit toujours

être apprécié et exécuté d'après sa forme apparente, pourvu toutefois que l'une des parties ne veuille pas abuser de cette forme,
pour faire produire à l'acte des effets contraires à leur intention
commune ; que si c'est, par exemple, une vente , il doit être apprécié et exécuté comme une vente, ne fût-il en réalité qu'une
donation. Or, dans la matière qui nous occupe, le déguisement
d'une libéralité ne peut constituer une fraude à la loi, ou aux
droits des cohéritiers du donataire, car le de cujus pouvant dispenser l'héritier du rapport, il est permis de faire indirectement
ce que la loi autorise de faire directement. Il en résulte donc que,
de même que dans une vente on ne pourrait exiger le rapport
des objets réellement vendus, de même dans une donation déguisée sous la forme d'une vente, on ne peut demander le rapport
des objets qui sont compris dans un acte de cette nature, lorsque
d'ailleurs il ne peut être prouvé que le donateur n'ait pas réellement voulu dispenser le donataire du rapport.

Il a été répondu à cet argument qu'il arriverait souvent que la
véritable volonté du défunt pourrait ne pas être connue ; qu'il
pourrait se faire qu'il eût pris cette voie détournée, tantôt pour
éviter des frais de mutation, plus considérables dans les actes à
titre gratuit que dans les actes à titre onéreux, tantôt pour éviter des jalousies entre les cohéritiers, et pour se soustraire aux
reproches de sa famille.

Mais a-t-on dit enfin, les actes qui contiennent ces donations,
ne pouvant pas contenir une dispense expresse qui cadrerait mal
avec le caractère de ces actes, comment exiger une dispense de
rapport dans une vente, par exemple ? Il est vrai, mais qui pouvait empêcher le donateur d'écrire plus tard cette dispense dans
un acte séparé, dans un testament olographe, par exemple ?

Il nous reste à dire un mot d'un système mixte, intermédiaire

8

en quelque sorte et qui est celui de la jurisprudence. La Cour de Cassation décide que le déguisement de la donation n'emporte pas une dispense virtuelle du rapport, mais elle pense toutefois que la dispense expresse qui est exigée pour les donations indirectes, n'est plus nécessaire pour les donations déguisées, en sorte que dans celles-ci le point de savoir si le disposant a entendu dispenser, n'est plus qu'une question de fait, une présomption laissée à l'interprétation des tribunaux.

Ce système a été l'objet d'attaques presque irrésistibles et nous paraît tomber devant l'argumentation suivante : Puisque la jurisprudence admet que les donations déguisées ne sont pas dispensées virtuellement du rapport, elles sont donc régies par les dispositions de l'article 843 ; or, puisqu'elles sont comprises dans la règle de cet article, il faut donc, puisqu'il n'y a pas pour elles d'autres dispositions spéciales, les soumettre, pour être exemptées du rapport, à une dispense qui, d'après l'article, doit toujours être *expresse*. Il est donc évident, et ce syllogisme nous paraît irréfutable, que puisque ces donations sont rapportables, une dispense expresse est absolument nécessaire pour les en exempter.

Nous concluerons donc que les donations déguisées, soit par voie d'interposition de personnes, soit sous la forme d'actes à titre onéreux, ne sont pas virtuellement dispensées du rapport, mais que sous ces formes, le successible expressément dispensé du rapport peut, comme un étranger, recevoir les libéralités du défunt dans la mesure de la quotité disponible.

*B*. — Si toutefois la donation venait à dépasser la quotité disponible, l'excédant, dit l'article 844, serait sujet au rapport. Plusieurs jurisconsultes ont critiqué dans cet article l'expression du rapport qui a été mis, suivant eux, pour celui de réduction ; mais un grand nombre d'autres auteurs, parmi lesquels on peut citer MM. Demante et Demolombe, ont pensé que cette critique n'était pas fondée. Ils ont en effet remarqué que le législateur n'a employé l'expression de rapport dans l'article 844, comme dans d'autres articles critiqués pour le même motif, que parce que plusieurs cohéritiers successibles se trouvaient en présence, et dès lors étaient réellement tenus de rapporter. Et, en effet, puisque le donateur ne pouvait valablement dispenser du rapport le donataire, quant à la partie du don qui excède la quotité disponible, le cohéritier fait après tout un rapport, puisqu'il remet à la masse, et, pour être partagées, les choses qu'il a reçues à titre gratuit. — Mais d'un autre côté tous ces auteurs sont d'avis que les principes de la réduction peuvent s'appliquer tout aussi bien contre le successible que contre l'étranger, donataires l'un et l'autre, toutes les fois que les réservataires ont intérêt à en faire l'application, et que spécialement en ce qui concerne l'action à intenter contre les tiers détenteurs, l'article 930 est parfaitement applicable.

C. — Mais si la partie de la donation qui excède la quotité disponible doit, aux termes de l'article 844, être rapportée par l'héritier acceptant, le successible qui renoncerait à la succession pourrait-il garder cette donation jusqu'à concurrence de la quotité disponible et de la réserve réunies ? Ou bien le successible renonçant ne pourrait-il garder son don que jusqu'à concurrence de la quotité disponible seule ?

Ces questions ont excité de nos jours de vives controverses ; et si pendant vingt ans, de 1843 à nos jours, la Cour de Cassation s'est prononcée pour le cumul au profit de l'enfant renonçant de la quotité disponible et de la réserve, cette théorie approuvée seulement par quelques éminents jurisconsultes, mais contredite par la grande majorité des auteurs et des cours impépériales qui résistaient à la jurisprudence de la cour suprème, cette théorie, dis-je, semble être abandonnée, aujourd'hui que sur les conclusions d'un récent et remarquable réquisitoire de M. le procureur général Dupin, la Cour suprème a, dans l'arrêt Laviable, basé sa doctrine sur des idées suivant nous plus juridiques, et fait revivre le système qu'elle avait admis en 1818 dans l'arrêt de Laroque de Mons. Il nous paraît toutefois utile d'exposer dans tous ses détails, les diverses considérations comme les divers arguments qu'on faisait valoir dans la discussion d'une question qui sera longtemps célèbre dans les fastes de la jurisprudence.

Soulevée par les premiers commentateurs du Code, Chabot, Grenier et Delvincourt, dont les deux premiers changèrent plus tard d'avis pour adopter le principe du non cumul, cette question fut aussi résolue dans ce sens par la Cour de Cassation, dans son célèbre arrêt Laroque de Mons, du 18 février 1818. La jurisprudence paraissait définitivement fixée dans cette voie, et la doctrine s'était à peu près ralliée au système admis par la Cour suprème, lorsque le fameux arrêt Leproust-Navareau, du 17 mai 1843, vint tout-à-coup proclamer la doctrine du cumul, et faire revivre l'opinion qu'elle avait précédemment condamnée.

Comment la Cour de Cassation en arriva-t-elle ainsi à se démentir elle-même? Il faut le reconnaître, si les principes juridiques sur lesquels elle s'appuyait ne paraissent pas suffisamment concluants, son opinion n'a été que la conséquence d'une pensée d'équité dont elle paraît vivement préoccupée dans les arrêts qui précèdent celui de 1843, et notamment ceux de 1829 et 1834 (aff. Mourgues et Castille).

Ainsi, un père a fait à l'un de ses enfants, et à titre d'avancement d'hoirie seulement, une donation qui comprend toute sa quotité disponible ; les libéralités qu'il veut faire plus tard, soit à l'enfant dévoué qui l'a soigné dans sa vieillesse, soit au bienfaiteur malheureux, ou au vieux serviteur qui lui a rendu des services seront sans effet, si le fils qui a reçu la donation de la quotité disponible, renonce à la succession pour s'en tenir au don qu'il a reçu. La validité des libéralités postérieures dépend donc du parti que prendra le fils donataire ; accepte-t-il la succession, ce qu'il a reçu s'imputera sur sa part héréditaire ; renonce-t-il au contraire, ce qu'il a reçu s'imputera sur la quotité disponible qui, dès lors, se trouvera ainsi épuisée.

Les auteurs qui adoptent le système du non-cumul, se sont évertués à prévenir ce résultat déplorable, il faut l'avouer, et à donner satisfaction à l'intérêt qu'ont les disposants de conserver leur quotité disponible, pour faire des libéralités postérieures.

Les uns ont enseigné qu'il fallait imputer le don sur la réserve jusqu'à concurrence de la quotité disponible seulement ; ils ont interprété l'article 845, dans ce sens, que l'héritier qui renonce peut retenir son don ou réclamer son legs, *jusqu'à concurrence de la quotité disponible*, et non pas retenir *sur son don ou sur son legs la quotité disponible.* » L'expression quotité disponible, ont dit MM. Aubry et Rau, a bien moins dans l'article 845 pour objet d'indiquer le caractère intrinsèque de la retenue, que d'en déterminer la mesure. » Un donataire en avancement d'hoirie qui renonce à la succession pour s'en tenir à son don, ne doit pas d'ailleurs être assimilé à un donataire étranger, et les biens que le premier retient en cette qualité, ne lui adviennent pas non plus au même titre que celui auquel un donataire étranger recueille les biens qui lui sont donnés. Le premier ne peut changer par sa renonciation le caractère de la libéralité qu'il a reçue ; donnés en avancement d'hoirie, les biens doivent être pris sur son hoirie, c'est-à-dire sur sa part héréditaire seule, sur sa réserve ; et si sa renonciation peut le dispenser du rapport, cette renonciation ne change pas la nature de la libéralité qui doit s'exercer sur la partie du patrimoine déjà précédemment déterminée par le titre lui-même de la donation.

En second lieu, les expressions *peut cependant retenir* de l'article paraissent dénoter une exception faite dans un esprit de faveur pour le successible renonçant ; mais cette faveur ne réside pas dans la quotité de la retenue, puisqu'un étranger a droit à la même quotité disponible qu'un successible ; donc, cette exception de faveur est relative au droit même de retenir. (Aubry et Rau, § 684 ter, n° 15, Coin-Delisle, art. 913, Demante, tom. IV, 42 bis.)

Marcadé a présenté sur cette question une combinaison très-ingénieuse ; et, allant plus loin que les autres jurisconsultes, a enseigné que l'héritier renonçant ne pourrait pas retenir le don à lui fait, dans le cas où le disposant aurait fait, même postérieurement, des dons ou des legs épuisant sa quotité disponible.

Les avancements d'hoirie, a-t-il dit, faits aux successibles, et qui ne sont que des remises anticipées de leur part à venir dans les biens de la succession, ne se transforment en donations ordinaires que par la renonciation, et à dater de cette renonciation même qui a pour effet de changer leur titre d'héritier en celui de donataire. Or, c'est par ordre de dates que les libéralités se réduisent (art. 923) ; donc l'avancement d'hoirie fait au renonçant se réduira le premier (Marcadé, art. 845 et 919).

Le savant jurisconsulte n'a pas remarqué que son système froissait le caractère d'irrévocabilité et d'actualité des donations ; qu'il faisait des donations en avancement d'hoirie, en quelque sorte des donations à cause de mort, que le Code n'a pas admises, ou, tout au moins, des donations spéciales pour les successibles et tout-à-fait anormales, alors que le Code n'a pas fait de ces distinctions-là entre les donations faites aux successibles et celles faites aux étrangers. Le Code n'admet, en effet, pour toute différence entre elles, que la condition résolutoire du rapport auquel sont soumises les donations faites aux successibles.

Quoi qu'il en soit de ces divers systèmes plus ou moins juridiques, destinés à conserver entre les mains du disposant sa quotité disponible et à valider les dispositions faites en faveur d'une classe intéressante de donataires et de légataires, la Cour de cassation, vivement préoccupée d'obvier à l'inconvénient que nous avons signalé, avait, dans les deux arrêts précités de 1829 et de 1834, jugé que le don fait au renonçant devait s'imputer sur la réserve, et subsidiairement seulement sur la quotité disponible. Sans doute ce système ne posait pas encore franchement la théorie du cumul de la quotité disponible et de la réserve, mais il pouvait se faire, dans la pratique, que ce cumul eût lieu, car l'avancement d'hoirie que le père aurait fait longtemps avant sa mort, et, nous le supposons, avant que sa fortune ne vînt à péricliter, pouvait absorber et la part de réserve du renonçant et le disponible aussi. Il n'y avait donc qu'un pas à franchir pour justifier théoriquement cette conséquence pratique. Ce pas, la Cour de cassation l'a fait dans l'arrêt Leproust-Navareau.

On nous pardonnera cette digression, mais il nous paraît nécessaire, avant d'entrer dans la discussion des motifs qu'on a fait valoir pour et contre le principe du cumul, de dire un mot de ce qu'était la légitime en droit romain, et en droit coutumier, la légitime et la réserve coutumières.

Absolue dans les premiers siècles de Rome, et limitée bientôt par la plainte d'inofficiosité, la faculté de disposer fut de nouveau restreinte, plus tard, par l'adoption d'une légitime, laquelle fut fixée, par analogie de la quarte Falcidie, au quart de la portion que chaque enfant aurait eue, en l'absence de dispositions à titre gratuit. Cette légitime fut élevée plus tard, par Justinien, à la moitié et au tiers de cette portion, suivant que le nombre des enfants dépassait ou non celui de quatre, et cet empereur décida, en outre, qu'en imputant le don ou le legs déjà reçu sur sa légitime on pouvait en demander le complément par une action personnelle (condictio ex lege) qui compétait à tout enfant, qu'il fût ou ne fût pas héritier, et vu sa seule qualité d'enfant. — Ces principes furent admis dans le droit écrit, et la légitime y fut considérée moins comme une quote-part de l'hérédité que comme une portion de biens attribuée à chacun des légitimaires individuellement, et en vertu des liens du sang : *legitima, pars est bonorum, non hœreditatis* (Dumoulin, cons. 29). — La même action en supplément compétait aux enfants dans les mêmes cas et au même titre qu'en droit romain.

Les pays coutumiers adoptèrent aussi cette légitime, avec ce principe admis en droit romain et en droit écrit qu'elle constituait, pour chaque légitimaire, un droit individuel et avait pour objet la moitié de la portion que chaque enfant aurait eue dans la succession, en l'absence de dispositions à titre gratuit. Les principes romains étaient modifiés, toutefois, par les règles de la saisine et par la défense d'instituer un héritier; on ne pouvait, d'ailleurs, contrairement aux règles romaines, prétendre à la légitime sans être héritier : « Apud nos legitimam non habet, nisi qui hœres est, disait Dumoulin.

On discutait, dans l'ancien droit, si pour réclamer sa légitime par voie d'action il fallait se porter héritier ; la question était controversée. Ceux qui adoptaient l'affirmative cherchaient à atténuer l'inconvénient que cette qualité d'héritier devait entraîner pour les légataires, et pensaient (notamment Ricard) qu'il suffisait d'accepter la succession sous bénéfice d'inventaire pour exclure l'action des créanciers sur les biens réservés.

Mais la grande majorité des auteurs décidaient (et cette opinion avait été admise dans la pratique) que les légitimaires pouvaient, même en s'abstenant de l'hérédité, réclamer la réduction des donations jusqu'à concurrence de la légitime.

La qualité d'héritier n'était jamais exigée pour retenir la légitime par voie d'exception ; ainsi le légitimaire qui avait reçu un avancement d'hoirie pouvait, même en renonçant, retenir sa légitime sur son don.

A côté de la restriction apportée à la faculté de disposer par l'admission de la légitime, le droit coutumier en avait établi une seconde, spécialement pour les propres de succession, dont il n'était permis de disposer que jusqu'à concurrence d'un cinquième. La portion indisponible qui embrassait les quatre quints des propres était appelée réserve. Elle était dévolue aux parents de l'estoc et ligne dont provenaient les propres, quel que fût le degré de parenté avec le défunt.

Les partisans du système du cumul voudraient assimiler notre réserve moderne à la légitime ancienne dont nous venons de donner un aperçu succint, et régler la première par les principes qui régissaient la seconde. Mais outre que, pour éviter de les confondre, les rédacteurs du Code ont employé, pour désigner la réserve moderne, une dénomination différente, et qu'aujourd'hui la réserve n'est pas fixée directement comme la légitime de l'ancien droit, mais indirectement et par opposition à la quotité disponible, il faut remarquer encore que la légitime romaine appartenait à l'enfant par sa seule qualité d'enfant. Cela se comprend facilement dans une législation où le père de famille, faisant des héritiers aussi bien que la loi, pouvait enlever le titre d'héritier à l'enfant pour le conférer à qui bon lui semblait. Dans le droit actuel, au contraire, comme au reste dans le droit coutumier, la volonté de l'homme ne pouvant faire que des légataires, et la qualité d'héritier se trouvant indépendante de la volonté du père, il était logique de faire dépendre le droit à la réserve de la qualité d'héritier.

Les partisans du cumul ont objecté cependant que l'article 913 ne parlait que des *enfants* qu'a laissés le de cujus, et que le Code ne faisant aucune distinction entre ceux qui sont héritiers et ceux qui ne le sont pas, il suffit dès lors d'être *enfant* du de cujus pour avoir droit à la réserve. On peut opposer à cet argument qu'en matière de succession les mots : *laisser des enfants* sont toujours entendus par le législateur dans le sens de laisser *des enfants héritiers*. Nous pouvons citer à cet égard l'art. 757, dans lequel la loi entend évidemment parler d'enfants capables de succéder et qui viennent à la succession. Nous pouvons en dire autant de l'art. 914, dans lequel il est question de descendants qui représentent l'enfant; s'ils le représentent, c'est donc qu'ils sont venus à la succession.

Le caractère de notre réserve est-il en second lieu le même que celui de la légitime d'autrefois? Notre réserve moderne est cette partie de la succession ab intestat qui reste, déduction faite de la quotité disponible; la réserve fait donc partie de la succession ab

intestat; par conséquent, pour y avoir droit, il faut être *héritier*. Mais, dit-on, la légitime coutumière aussi était une partie
de la succession ab intestat, à laquelle dès lors on ne pouvait
prétendre qu'en qualité d'héritier, suivant la maxime : non habet
legitimam, nisi qui hæres est; et cependant l'enfant renonçant
pouvait, d'après l'art. 307, retenir sa légitime et la quotité disponible, pourvu que les autres eussent leur légitime complète. Il
faut remarquer que la légitime coutumière était fixée individuellement, et de telle sorte qu'une fois les autres enfants remplis de leur portion légitimaire, ils n'avaient plus aucun droit
sur la succession, tellement que la part de l'enfant renonçant ac-
croissait aux donataires et légataires. — Aujourd'hui il n'en est
plus de même, et la réserve est attribuée collectivement à tous
les réservataires qui se portent héritiers ; si l'enfant y renonce,
elle n'accroît plus aux donataires et légataires, mais rentre dans
la masse des biens de la succession. Les principes de la légitime
romaine et coutumière, et de la réserve moderne, ne sont donc
plus identiques.

Il faut donc absolument être héritier pour avoir droit à la
réserve, qui n'est, comme son nom l'indique, que la portion réservée de la succession ab intestat. Mais s'il faut absolument être
héritier, le successible qui renonce n'aura pas droit à la réserve,
puisqu'aux termes de l'art. 785, il est censé n'avoir jamais été
héritier, et il doit être considéré comme étranger à la succession.

La seule objection spécieuse qu'on ait faite contre ces arguments est tirée de l'art. 921. Cet article s'oppose à ce que les
créanciers et les légataires de la succession puissent demander la
réduction des donations entre-vifs, et *en profiter*. Si la réserve
est une partie de la succession, comment donc peut-il se faire,
ont dit les partisans du système du cumul, que les créanciers

dû défunt ne puissent se payer sur les biens rentrés dans la succession par l'effet de la réduction ?

Cette objection qui dans l'ancien droit coutumier tourmentait déjà Ricard et Dumoulin, et qui faisait décider par le premier de ces jurisconsultes, qu'il suffisait à l'enfant de se porter héritier bénéficiaire, et par le second, que le réservataire pouvait dans ce cas exercer la réduction tout en renonçant à la succession, est facile à réfuter. L'art. 921, pour la réduction des libéralités, comme l'art. 857 pour les rapports, pose nettement cette idée que les biens provenant de la réduction ne rentrent dans le patrimoine héréditaire que relativement aux héritiers, et en demeurent dehors pour tous autres. — C'est ce qui faisait dire à Tronchet, au sein du Conseil d'Etat, que si les créanciers étaient admis à se venger sur les biens recouvrés par l'effet de la réduction, ils profiteraient au détriment des héritiers à réserve, d'un droit qui n'est introduit qu'en faveur de ces derniers.

Il n'est donc pas besoin de contredire, comme le faisait Dumoulin, le principe qu'il avait posé : non habet legitimam, nisi qui hœres est ; ni de décider, comme Ricard le faisait à tort, que l'enfant devait accepter sous bénéfice d'inventaire, car l'acceptation bénéficiaire, si elle dispense l'héritier de payer les dettes de la succession sur ses biens propres, ne le dispense pas de les payer sur les biens de la succession.

Nous croyons donc que l'héritier renonçant cessant d'être héritier, pour être par le fait seul de sa renonciation, assimilé à un étranger, conformément à la disposition de l'art. 785, ne peut dès-lors jamais retenir concurremment sa réserve et sa donation; nous croyons enfin qu'il ne peut retenir son don que jusqu'à concurrence de la quotité disponible, et sur cette quotité même, sans pouvoir l'imputer sur sa réserve, comme l'ont pensé les

savants jurisconsultes dont nous avons analysé ci-dessus le système ; sans voir sa libéralité se réduire, et même s'annihiler,
comme l'a enseigné Marcadé. Notre raison de décider ainsi, nous
la puisons dans les art. 785 et 786, et dans cette conséquence que
nous en tirons, que l'héritier renonçant devenant étranger à la
succession, même rétroactivement, et étant assimilé dès-lors à
un étranger, n'a, comme ce dernier, droit d'imputer son don
que sur la quotité disponible, et jusqu'à concurrence de cette
quotité L'art. 786 vient enfin corroborer ce système, en décidant que la part du renonçant accroit à ses cohéritiers.

Mais, dit-on, il faut ici distinguer, comme distinguaient au
reste les jurisconsultes coutumiers, entre la réclamation que fait
l'enfant de sa réserve, quand il ne la détient pas, et la retenue
qu'il est autorisé à en faire, quand il en est déjà nanti. L'article
786 ne s'applique, suivant les partisans de la doctrine du cumul,
que dans le cas où la part des renonçants est encore dans la succession, mais non pas lorsque l'enfant en est déjà détenteur.

Mais l'enfant qui est héritier de par la loi n'est-il pas un successeur à titre universel, et à ce titre n'a-t-il pas droit tout aussi
bien à ce qui se trouve matériellement dans la succession, qu'à
ce qui doit y rentrer nécessairement, lorsque par l'application
de l'article 922, on procèdera à la constitution de la masse, et à
la liquidation de la succession? Peu importera donc que les biens
qui doivent rentrer dans la succession soient ou non détenus par
le donataire renonçant, ils n'en sont pas moins toujours dans la
masse, puisqu'ils s'y trouvent déjà moralement, dirais-je, soit
par l'effet du rapport, soit par l'effet de la réduction qu'on peut
intenter ! « Qui actionem habet ad rem recuperandam, ipsam
rem habere videtur. »

En vain opposerait-on que les enfants n'auraient d'action, que s'ils n'étaient pas remplis personnellement et individuellement de leur réserve, cette objection, qui eût été vraie sous l'empire de la coutume de Paris, tomberait devant cette considération que la réserve est de nos jours attribuée collectivement à tous les enfants, comme nous avons eu occasion de le dire ci-dessus.

On peut encore, à l'appui du système que nous soutenons, faire remarquer que l'art. 845 est intimement lié à l'article qui le précède; il semble donc qu'on peut en conclure que dans ces deux articles les mêmes expressions : *jusqu'à concurrence de la quotité disponible*, ont le même sens; or, dans l'art. 844, tout le monde convient que le don s'impute sur la quotité disponible; il est donc évident qu'il en est de même dans l'art. 845.

Si l'on admettait enfin que les mots : *jusqu'à concurrence de la quotité disponible*, indiquent non la portion du patrimoine sur lequel le don doit s'imputer, mais le montant de la retenue à exercer sur la part réservée, on aboutirait à un résultat choquant, et qui violerait le principe de l'égalité entre les héritiers, principe qui est de l'essence même du rapport. Supposons un père ayant six enfants et une fortune de 100; — il a légué sa quotité disponible qui est de 25 à un étranger; mais précédemment il a fait un don en avancement d'hoirie à l'un de ses enfants, qui d'après les principes qu'admettent MM. Aubry et Rau, Demante et Coin-Delisle, pouvant s'imputer sur la réserve jusqu'à concurrence de la quotité disponible, embrassera donc un autre quart de la succession. Que restera-t-il dans cette hypothèse aux autres enfants? 10 pour chacun. Evidemment, et l'on est obligé de le reconnaître, l'égalité entre les cohéritiers serait rompue; ce résultat serait injustifiable.

Concluons donc que le renonçant est assimilé à un étranger, que comme lui il n'a droit qu'à la quotité disponible, sur laquelle et jusqu'à concurrence de laquelle il imputera son don. D'où cette conséquence, que si le renonçant est un étranger, et qu'il ne puisse être considéré comme un héritier à partir de sa renonciation, il ne devra pas être compté non plus lors du calcul à faire pour la fixation de la réserve.

Ainsi, et pour résumer les systèmes que nous avons exposés, et dont nous adoptons les solutions, nous croyons :

1° Que le don en avancement d'hoirie fait au successible renonçant devra s'imputer sur la quotité disponible et jusqu'à concurrence de cette quotité, puisque le système contraire entraînerait des résultats bien plus choquants, et qu'en présence d'un légataire étranger, et d'un successible renonçant avantagé, il pourrait réduire à une bien faible portion les autres enfants réservataires ;

2° Que comme conséquence de ce principe, que l'enfant renonçant est assimilé au légataire étrangers il ne pourra garder sa quotité disponible et de plus sa réserve, qui n'étant qu'une portion réservée de la succession ab intestat, ne peut appartenir qu'à des héritiers ;

3° Que comme seconde conséquence du principe que l'enfant renonçant est étranger, il ne doit pas être compté pour la fixation de la réserve, et que d'après l'article 786, sa part doit accroître à ses cohéritiers.

Telles sont les solutions et les conséquences qu'est venu consacrer l'arrêt du 26 novembre 1863. Après les nombreux arrêts qui ne commençaient déjà que trop à ramener à l'unité sur cette question la jurisprudence des cours impériales, la Cour suprême, se dépouillant avec raison de tout préjugé, n'a pas craint de se démentir elle-même, et de faire loyalement le sacrifice de son amour-propre à la vérité des principes qui, comme l'a dit M. Dupin, résultent d'une interprétation à la fois littérale et rationnelle de l'art. 845 et des articles qui s'y réfèrent.

La Cour a été entraînée dans cette voie, non seulement par des arguments de texte, que M. le procureur général a fait valoir avec beaucoup de force contre la doctrine contraire, et en vertu desquels il a démontré que l'enfant renonçant n'est après tout qu'un étranger, et ne doit dès lors être traité que comme tel ; mais encore par des considérations morales, générales. Quel sentiment, en effet, plus intéressé, plus égoïste que celui qui dirige l'enfant qui renonce, et qui vise au cumul? L'enfant renonçant : *ce nourrisson de la jurisprudence qui l'adopte et qui le choie!* qui n'a pas assez de grandeur d'âme pour mettre l'honneur de son père et le sien avant son intérêt personnel ! qui, comblé des faveurs de sa famille, n'a pas néanmoins assez de désintéressement pour tenir les engagements de son père, ni assez de loyauté pour restituer à ses frères une partie du patrimoine paternel qu'il détient à leur préjudice, et après tout contre le gré de son père! Celui-ci n'a-t-il pas dû penser en effet que ce qu'il n'a donné qu'en avancement d'hoirie reviendrait tôt ou tard dans l'hoirie, et que le bienfait de la donation qu'il fait, ne serait pas payé par la lâcheté d'une répudiation de sa succession ?

Le principe d'égalité entre les héritiers est d'ailleurs la base du système que nos législateurs ont admis en matière de succession; or, à ce principe, le Code n'indique qu'une seule exception, celle de l'art. 843 ; pourquoi donc aller en rechercher péniblement une autre? Pourquoi à l'aide d'interprétations plus ou moins subtiles, d'arguments plus ou moins sophistiques favoriser *un calcul odieux, égoïste, offert à la cupidité, et introduit dans les familles au préjudice des principes de l'égalité.*

Il faut espérer que l'arrêt du 27 novembre aura pour toujours fermé la porte à une doctrine qui n'était qu'un retour vers le passé, et qui jurait avec les principes juridiques que notre Code a consacrés.

## II. — A QUI EST DU LE RAPPORT ?

Le rapport a pour but de maintenir l'égalité entre les cohéritiers venant à une même succession ab intestat ; dès-lors, et comme corollaire de ce principe, le rapport n'est dû que par le cohéritier à son cohéritier, lors du partage de la succession ; l' n'est dû, a dit M. Demolombe, qu'à ceux qui le devraient. Puisque le successible qui se porte héritier est seul tenu du rapport, il en résulte qu'il n'est pas dû, et ne peut être exigé par le successible renonçant, ou écarté par des dispositions testamentaires du défunt, tandis que l'héritier bénéficiaire peut l'exiger, comme il peut aussi s'y trouver réciproquement soumis (art. 843).

Le droit de demander le rapport fait partie du patrimoine de l'héritier, et comme ce droit ne doit pas être considéré comme exclusivement attaché à la personne dans le sens de l'art. 1166, il en résulte que les créanciers personnels de l'héritier qui peut exiger le rapport, peuvent exercer en son nom le droit qui lui compète à cet égard, soit qu'il ait accepté purement et simplement, ou sous bénéfice d'inventaire, soit que ceux-ci aient été autorisés en justice à accepter la succession du chef de leur débiteur, conformément aux prescriptions de l'art. 788.

Le droit de réclamer le rapport n'appartient ni aux créanciers ni aux légataires de la succession qui, ajoute l'art 857, ne peuvent pas non plus en profiter. Les créanciers et légataires ne peuvent faire valoir, en effet, des droits sur les biens du défunt, qu'autant que ces biens appartiennent à ce défunt. Or, les biens donnés à l'héritier ne sont plus compris dans le patrimoine du de cujus, et ces biens n'y rentrent plus tard que relativement aux héritiers seuls. Peu importe que le légataire soit en même temps héritier, il n'en sera pas moins traité comme légataire étranger, et ne pourra demander le rapport qu'en sa qualité d'héritier ; son legs sera soumis à la réduction comme tout autre légataire, mais comme cet héritier légataire doit le rapport de son legs, ce legs retombera dans la masse, d'où il ne sera fictivement sorti que pour diminuer la part des autres légataires, dont les legs auront été réduits au marc le franc. (Demolombe.)

Le légataire, avons-nous dit, ne peut profiter du rapport; il ne lui est pas dû. Ce principe ne doit pas être cependant appliqué dans toute sa rigueur, et l'art. 857 doit être modifié par l'art. 922.

Nous allons préciser ceci par un exemple : Un père a trois enfants, à chacun desquels il a donné par avancement d'hoirie 20,000 fr.; il a légué sa quotité disponible à un tiers, et on ne trouve à son décès que 20,000 fr. dans sa succession. Il semble, au premier abord, que le légataire du quart ne pouvant demander le rapport ni en profiter n'a droit qu'à 5,000 fr.; nous croyons néanmoins, et la jurisprudence a consacré cette opinion, qu'il a droit à 20,000 fr.

Le point qu'il faut ici résoudre est celui-ci : comment se déterminera la quotité dont le défunt a pu disposer? Or, la seule manière de calculer la quotité disponible, nous la trouvons dans l'art. 922, qui décide que la procédure à suivre consiste dans la réunion fictive des biens donnés avec les biens existants, afin de former une masse, sur laquelle, après en avoir déduit les dettes, on calculera quelle est la quotité dont le défunt a pu disposer.

Et qu'on ne dise pas qu'il ne s'agit dans l'art. 922 que d'une demande en réduction, tandis que dans l'espèce ci-dessus c'est tout simplement une action en délivrance de la quotité disponible formée par les légataires. Peu importe l'action qu'on intente, il s'agit dans tous les cas de savoir quelle est la quotité disponible ; or, comment la déterminer? Dans toutes les hypothèses, il faut faire l'application de l'art. 922.

D'ailleurs, si l'art. 922 ne dispose spécialement que dans la seule hypothèse où une demande en réduction est formée par les héritiers à réserve, on arrivera, dans ce système, à cette singulière conclusion qu'il y a deux quotités disponibles : l'une, quand les dispositions du défunt dépasseront la quotité disponible; l'autre dans le cas contraire.

Mais les successibles donataires en avancement d'hoirie ne pourraient-ils, à leur tour, retourner l'argumentation que les légataires viennent de faire contre eux, et dire : puisque nos donations sont considérées vis à vis de vous comme des donations faites à des étrangers, pourquoi ne seraient-elles pas, comme le sont toujours celles-ci, imputables sur la quotité disponible? Les légataires répondraient victorieusement à cette argumentation par ce principe certain, que l'héritier réservataire doit toujours imputer sur sa réserve tous les biens qui lui adviennent de la succession de son auteur; or, les biens provenant des avancements d'hoirie font bien partie de cette succession, une fois que par l'effet du rapport ils sont rentrés dans la masse partageable.

Les créanciers de la succession ne peuvent pas non plus demander le rapport ni en profiter. Il faut toutefois faire ici une distinction entre les legs et les donations entre vifs; car, en ce qui concerne les legs, les successibles légataires ne peuvent les conserver au préjudice des créanciers, qui peuvent faire valoir contre eux les dispositions de l'art. 809. Est-ce parce que les légataires successibles sont tenus du rapport des legs vis à vis des créanciers de la succession? Evidemment non ; ils ne sont tenus du rapport qu'en vertu du principe : *nemo liberalis, nisi liberatus ;* et parce que les légataires certant de lucro captando, tandis qu'il s'agit pour les créanciers d'éviter une perte : certant de damno vitando.

En ce qui concerne les donations entre-vifs, le principe que les créanciers ne peuvent demander le rapport ni en profiter, est au contraire juridique; les créanciers étant les ayants cause de leur débiteur, ne sauraient avoir plus de droits que lui-même ; or, leur débiteur n'ayant plus aucun droit sur des biens irrévocablement sortis de son patrimoine, les créanciers, par une raison identique, ne peuvent non plus ne faire valoir aucun droit. Ajoutons que les créanciers du défunt postérieurs à la donation, n'ont pas dû compter dès lors sur un gage qui n'existait plus dans les biens de leur débiteur.

Les créanciers ne peuvent profiter du rapport, même quand les libéralités qui entamaient la réserve ont été réduites, sur l'action des réservataires. On a tâché, il est vrai, d'obscurcir cette règle, en s'appuyant sur les travaux préparatoires du Code et sur ce principe que la réserve étant la succession même, dans laquelle entrent les biens que la réduction fait revenir, les créanciers pouvaient donc se payer sur ces biens; mais il est certain que la section de législation s'est décidée par d'autres principes que ceux qu'on voudrait faire prévaloir, et la solution législativement consacrée n'est autre que celle-ci : les biens qui rentrent dans la succession par l'effet de la réduction, n'y rentrent que relativement aux héritiers.

Mais puisque les créanciers personnels de l'héritier ont droit

d'être payés sur l'ensemble de son patrimoine et peuvent, conformément à l'art. 1166, en demandant en son nom que le rapport
soit effectué, profiter dès-lors de ce rapport, comment les créanciers du défunt qui sont devenus les créanciers personnels de
l'héritier par l'effet de son acceptation pure et simple de la succession, n'ont-ils pas aussi le droit, en cette qualité, d'exiger le
rapport et d'en profiter? Et s'il en est ainsi, que devient la règle
de l'article 857? La réponse est facile: l'article 857 s'appliquera
toutes les fois que les créanciers de la succession n'agissent pas
et ne peuvent pas agir comme créanciers personnels de l'héritier,
c'est-à-dire toutes les fois que celui-ci aura accepté sous bénéfice
d'inventaire, ou qu'une séparation des patrimoines aura été demandée par les créanciers du défunt.

### III. — AVANTAGES SOUMIS AU RAPPORT.

Avant de passer en revue les divers avantages que le législateur
a soumis au rapport ou en a exemptés, nous avons à examiner
à quelle succession ce rapport est dû. L'art. 850 répond à cette
question : *le rapport ne se fait qu'à la succession du donateur*,
du donateur qui est présumé n'avoir pas voulu que l'héritier
donataire cumulât le don avec sa part héréditaire.

Ainsi un petit-fils ne rapportera pas à la succession de son
père le don qui lui a été fait par l'aïeul, quand même il accepte la
succession de son père. C'est à la succession de cet aïeul qu'il sera
tenu seulement de rapporter, s'il vient de son chef ou par représentation ; il sera à l'égard des autres cohéritiers de son père
considéré comme un étranger.

La question de savoir à quelle succession se fera le rapport
dépend donc de celle-ci : quel est le donateur ?

Cette question ne peut avoir de difficulté que dans les contrats de mariage ( il est clair qu'en général le donateur est celui qui a donné, qui a parlé dans l'acte de donation ); mais dans les constitutions de dot faites par les père et mère en faveur de leur enfant, il faut examiner les circonstances, pour savoir quel est celui de ces parents, sur les biens duquel la dot est prise. Les père et mère sont-ils mariés sous le régime de la communauté, et la dot a-t-elle été donnée en biens communs, l'enfant rapportera la moitié de la dot à la succession de sa mère, qui aura accepté la communauté après la dissolution du mariage, quand même le père aurait figuré seul à la constitution de la dot; et cela se conçoit, puisque la mère aurait, à la dissolution de la communauté, trouvé dans sa part la moitié des biens communs que le père a donnés. Mais si elle renonce à la communauté, celle-ci a toujours dès-lors et rétroactivement appartenu au mari, qui se trouve avoir été le seul donateur; et c'est dès-lors à sa succession que le rapport s'effectuera. Sous le régime dotal, au contraire, et en vertu de l'article 1544, l'enfant donataire devra toujours rapporter à la succession des père et mère ou de celui des deux qui a figuré dans l'acte. Il est clair qu'il en serait de même, si sous le régime de la communauté, l'un des époux avait donné des biens propres à l'enfant.

L'héritier est tenu de rapporter non seulement les libéralités par acte entre-vifs ou testamentaire, mais encore les sommes dont il était débiteur envers le de cujus. Le rapport peut donc avoir pour objet : 1º les legs; 2º les dons; 3º les dettes.

## A. — LES LEGS.

Ce qui fait l'objet du legs ou son estimation ne peut être réclamé par l'héritier légataire, lorsque le legs n'a pas été fait expressément à titre de préciput ou hors part ; que le legs soit universel, à titre universel ou particulier, les termes généraux de la loi ne permettent pas de distinguer.

Mais le rapport du legs s'opérera-t-il en laissant dans la masse héréditaire les objets à rapporter, absolument comme si la disposition testamentaire n'existait pas ? ou bien, le légataire pourra-t-il garder la chose léguée, en précomptant sa valeur sur sa part héréditaire, jusqu'à concurrence de cette valeur ?

Quelques jurisconsultes basant leur opinion sur les termes absolus de l'art. 843 : *l'héritier ne peut réclamer le legs*, ont pensé que l'obligation du rapport avait pour effet de neutraliser complétement les dispositions testamentaires du défunt, et que dès-lors l'héritier ne pouvait jamais retenir *in specie* la chose léguée. ( MM. Aubry et Rau, p. 333. — Duranton, tome VII, n° 214, Massé et Vergé, tom. II, n° 409 ).

M. Troplong a adopté l'opinion inverse, et a soutenu que la chose léguée devait toujours être comprise dans le lot de l'héritier légataire ; on peut invoquer à l'appui de cette opinion l'intention présumée du défunt, et conséquemment celle du législateur lui-même. Comment présumer en effet que le de cujus eût testé, s'il avait su à l'avance que ses dispositions testamentaires dussent être considérées comme non avenues ? Il paraît évident que s'il s'est donné la peine d'écrire ses dispositions de dernière volonté en faveur de l'un de ses héritiers, c'est qu'il a voulu qu'elles produisissent effet, par l'attribution à l'enfant de la chose léguée, sauf à précompter la valeur du legs sur sa part héréditaire, puisqu'il ne dispensait pas du rapport (Troplong, tome II, des Don. et Test., n° 881 ).

Une troisième opinion mixte, intermédiaire, consiste à assimiler les legs aux dons entre-vifs, en tant que le comporte la

nature particulière des legs , et propose d'opérer le rapport du
legs, tantôt en moins prenant, quand l'objet du legs sera mobilier, ou qu'il y aura dans la succession des immeubles de même
valeur et bonté que l'immeuble légué ; tantôt en nature, toutes les
fois que dans les mêmes circonstances le rapport de la donation
se ferait en nature. Cette opinion nous paraît la plus juridique, et
en effet si le légataire doit le rapport, pourquoi n'appliquerait-
on pas à cette espèce de libéralités les règles habituelles du rapport des libéralités? (MM. Demolombe, n° 303, tome IV, des
Succ.; — Demante, tome III, n° 177 bis ; — Mourlon, tome II,
p. 148 ).

### B. — DES DONS.

L'héritier donataire est tenu de rapporter tout ce qu'il a personnellement reçu du défunt directement ou indirectement ; et
s'il vient par représentation, il devra le rapport des donations
qu'a reçues du de cujus l'individu qu'il représente. Rappelons au
reste qu'il ne doit pas rapporter les libéralités faites à des personnes qu'il ne représente pas, quelque avantage d'ailleurs qu'il
en ait retiré. (Art. 847 à 849.)

Mais pour que l'héritier soit tenu de rapporter le don, il faut
nécessairement qu'il l'ait reçu ; c'est ainsi qu'une fille ne rapportera pas la dot qui lui a été promise dans son contrat de mariage,
si cette dot ne lui a jamais été payée, soit parce qu'elle-même
aurait renoncé à en demander le paiement, soit pour toute autre
cause.

La femme dotale ne serait pas tenue non plus de rapporter le
montant de la dot, dont la succession de son mari lui doit le
remboursement, s'il s'est écoulé dix ans depuis l'échéance des

termes pris pour le paiement de la dot, et si son mari ne justifie pas de diligences inutilement faites par lui pour s'en procurer le paiement (art. 1569).

En effet, on ne doit rapporter que ce qu'on a reçu du défunt; or, la dot dans notre hypothèse n'a pas été payée au mari, donc la fille qui n'est tenue de rapporter que ce qu'elle a reçu du défunt, ne sera pas tenue de faire le rapport d'un paiement qui a plutôt sa cause dans la responsabilité et la faute du mari, que dans une libéralité provenant de la succession du de cujus. Les cohéritiers de la femme ne pourraient se plaindre, puisque la dot que le mari est tenue de payer, n'est pas prise à leurs dépens dans la succession de l'auteur commun.

Au reste, toutes les donations entre-vifs qui ont lieu par contrat de mariage, et dont le montant a réellement été payé, sont sujettes au rapport, à l'exception toutefois des constitutions dotales dans l'hypothèse de l'art. 1573, où la femme n'est tenue qu'au rapport de l'action, *etiam inanem*, qu'elle a contre son mari. On peut en dire autant des donations rémunératoires ou onéreuses pour partie, qui seront rapportables jusqu'à concurrence de la libéralité qu'elles renferment, toutes les fois qu'elles seront mobilières, et qui, lorsqu'elles seront immobilières, seront tantôt rapportables en nature, toutes les fois que le montant des services ou des charges sera inférieur à la moitié de la valeur des immeubles donnés, et tantôt non rapportables dans le cas contraire, par application de l'art. 866.

L'art. 843 a posé en principe que les libéralités indirectes étaient rapportables comme les libéralités directes; ainsi le défunt aura renoncé à un legs, dont une succession échue à l'un de ses enfants était grevée en sa faveur; une femme mariée en premières noces sous le régime de la communauté, aura renoncé

à cette communauté avantageuse dans l'intérêt des enfants de son
premier mariage, dans tous ces cas le rapport devra s'effectuer, car ces libéralités ont diminué d'autant le patrimoine du
défunt, et ont enrichi le donataire au détriment des autres cohéritiers. Il faut remarquer toutefois que, pour qu'il y ait lieu au
rapport, il faut que la renonciation ait eu lieu dans l'intérêt du
successible, lequel en a réellement profité.

Aux termes de l'art. 851, est sujet au rapport ce qui a été
employé pour le paiement des dettes d'un cohéritier; mais il faut
que ce soit bien la dette du cohéritier, et non pas la sienne propre que le défunt ait acquittée; c'est ainsi qu'on ne pourrait exiger le rapport des dommages-intérêts qu'aurait payés le défunt
père ou mère, pour un délit ou un quasi-délit commis par un
de leurs enfants, dans un âge où il n'avait pas encore le discer-
nement nécessaire pour être responsable de ses actes.

Aux termes du même article, l'héritier donataire devra faire
le rapport des frais faits par le défunt pour l'établissement d'un
des cohéritiers, tels, par exemple, que l'achat d'un office, le
cautionnement nécessaire à l'exercice d'une charge, etc.; peu
importe que les frais aient été faits lors de l'établissement ou
après, comme, par exemple, l'achat d'une bibliothèque pour un
avocat ou un médecin, les instruments nécessaires à une profes-
sion qu'on exerce déjà;... ils sont rapportables dans tous les cas.
Il est bien clair que si ces frais n'avaient pas été faits à titre de
pur don, mais plutôt à titre de prêt, d'avances, il n'y aurait pas
lieu au rapport d'une libéralité, mais au paiement d'une dette
dont on ne pourrait se dispenser en renonçant à la succession.

Il importe de distinguer entre les frais d'établissement et les
frais d'éducation, d'apprentissage, de nourriture, d'entretien et
d'équipement, les présents d'usage et les frais de noces. Ceux-ci

ne sont pas rapportables, aux termes de l'art. 852 ; cet article forme donc une première exception à la règle de l'article 843, qui déclare rapportables toutes les libéralités directes ou indirectes. Le législateur a pensé que pour maintenir l'égalité entre les cohéritiers, il était inutile d'aller rechercher pour les soumettre au rapport ces libéralités modiques, de peu d'importance, qui ne diminuent pas d'ailleurs le patrimoine du défunt, puisqu'il est probable qu'il les a prises sur ses revenus, et qui n'augmentent pas beaucoup non plus celui du donataire. Les libéralités dont il est question dans l'article 852 s'acquittent, en effet, en général sur les revenus, tandis que celles que mentionne l'art. 851 se prennent habituellement, au contraire, sur le capital. Tel est le double point de vue qui a amené le législateur à soumettre les secondes au rapport, en en exemptant les premières.

On a contesté que la disposition de l'art. 852 fût une exception à l'article 843, nécessitée par la modicité des dépenses dont il est question dans l'article, et on a voulu n'y voir qu'une application de l'art. 203, et une conséquence de l'obligation de nourrir, d'entretenir et d'élever leurs enfants, que contractent les époux par le fait seul de leur mariage. — Cette explication aurait pu être bonne en droit romain, où la collatio n'était établie qu'en ligne directe descendante ; mais elle est inexacte aujourd'hui, qu'aux termes de l'art. 843, le rapport est obligatoire pour tout successible de quelque ligne et de quelque degré qu'il soit, quand il n'y a pas dispense de rapport. Il faut donc conclure que les législateurs sont partis de la supposition que toutes ces libéralités n'amènent pas une diminution dans le patrimoine du défunt, et ne se prennent que sur des revenus qu'on aurait dépensés de toute autre manière, *tantùs vivendo*.

Mais , nous le supposons , les cohéritiers du successible qui a reçu ces libéralités peuvent établir qu'elles ont été prises sur le capital , au lieu de l'être sur les revenus ; seront-elles dès lors rapportables ? Nous ne le croyons pas. En effet, le législateur a distingué deux catégories de dépenses qui, suivant lui, ont chacune une nature différente ; les premières, celles de l'art. 851 , il les a déclarées rapportables , parce qu'elles lui ont paru assez considérables pour être prises sur le capital ; il n'a pas soumis les autres au rapport, à cause précisément de leur modicité qui permet de les prendre sur les revenus ; mais peu importe en définitive où le défunt les a prises ; le législateur s'est décidé seulement par la nature des libéralités. Peu importera encore la quotité des frais d'entretien, de nourriture, etc., tant qu'on n'établira pas que les frais faits par le défunt n'avaient pas un autre but, que celui que le législateur a eu en vue dans l'art. 852, et qu'ils n'entament pas d'ailleurs le patrimoine du défunt. Mais il y aura lieu au rapport , si ces frais constituent des libéralités excessives, qui seraient en disproportion avec la fortune du donateur ; ou si les frais qui , eu égard à leur nature ou à leur importance, pouvaient être considérés comme des présents de noces, ont été compris dans la dot et donnés à titre d'avancement d'hoirie.

Toutefois, les libéralités de cette nature doivent avoir été faites par le défunt de son vivant ; les dispositions testamentaires qui ont eu pour but de subvenir, après la mort du de cujus, à l'une des dépenses que mentionne l'art. 852, ne seraient pas affranchies du rapport ; il est en effet évident que les legs faits dans ces conditions, ne peuvent s'acquitter que sur la substance même de la succession.

Une seconde modification à la règle de l'art. 843 concerne les fruits des choses sujettes au rapport, qui se trouvent dus à partir de l'ouverture de la succession ; d'où la conséquence que les fruits qui ont pu être produits avant le jour de l'ouverture, ne sont pas soumis au rapport. Est-ce, comme le disait Pothier, parce que l'héritier n'étant tenu au rapport que de ce qui lui a été donné, n'a pas dès lors besoin de rapporter les fruits qui ne lui ont pas été donnés? On peut répondre à ceci que l'héritier est tenu de rapporter tout ce qui lui a été donné directement ou indirectement (art. 843). Nous croyons que le vrai motif sur lequel on peut faire reposer cette disposition, c'est que l'obligation du rapport ne s'applique pas aux choses qui ont été données à l'héritier, en quelque sorte à titre de secours pour subvenir aux divers besoins de la vie, et pour être dépensées annuellement, soit pour l'entretien, soit pour la nourriture du successible et de sa famille. Obliger l'héritier au rapport des fruits et des intérêts dont il a pu bénéficier pendant fort longtemps, serait d'ailleurs vouloir consommer sa ruine, puisque la réunion des fruits et d'un capital même de peu d'importance relativement à la succession, pourrait arriver dans certains cas à le priver de sa part héréditaire !

La libéralité n'a pas d'ailleurs diminué la masse des biens que le défunt laisse en mourant ; la chose donnée est un capital dont l'absence diminuerait sans doute le patrimoine du de cujus ; mais ses fruits, au contraire, ne sont que des revenus que le défunt aurait probablement dépensés ailleurs. Le principe de l'art. 856 découle donc de la règle de l'art. 852.

Les produits d'un usufruit, comme les arrérages de rentes, sont des fruits civils qui sont aussi affranchis du rapport en vertu de l'art. 856. Mais, si l'on pouvait toutefois reconnaître par l'ensemble des circonstances de la donation, et d'après la volonté présumée du défunt, que les fruits, les arrérages avaient été donnés *principaliter* et comme objet direct de la donation, il faudrait décider qu'ils seraient soumis au rapport. Ainsi, un père a constitué à sa fille une dot de 20,000 fr., payable dans quatre ans; et pendant ce même laps de temps il lui a délégué le produit d'un domaine rapportant 5,000 fr. La fille devra ou ne devra pas le rapport de tous ces arrérages, suivant qu'il résultera des termes de l'acte ou des circonstances que le produit du domaine n'a pas été donné, ou, au contraire, a été donné par le père dans l'intention de subvenir à l'entretien ou à la nourriture de sa fille.

Les intérêts et les fruits sont dus à partir de l'ouverture de la succession, car, le rapport ayant lieu de plein droit, le droit du donataire se trouve résolu de lui-même, et en vertu du principe *fructus augent hæreditatem*, les fruits rentrent dans la masse héréditaire. C'est donc jusqu'au jour de l'ouverture de la succession, que le donataire a droit aux fruits civils, tandis qu'il ne peut réclamer que les fruits naturels qui ont été perçus à cette époque, sauf récompense des frais de semence et de labeur.

Ainsi, et pour résumer tout ce qui précède, le rapport se trouve toujours dû pour les libéralités faites par le défunt, en en exceptant toutefois celles que mentionnent les art. 852 et 856. Mais le rapport n'est dû que pour les libéralités; aussi quand l'héritier se trouve recueillir certains profits d'actes à titre onéreux, passés entre le successible et le défunt, en supposant que ces actes n'ont pas eu pour but de conférer un avantage indirect au successible, et que celui-ci a traité avec le défunt comme il eût traité avec tout autre, ces conventions doivent produire les mêmes effets qu'elles produiraient entre deux étrangers. C'est ce que déclarent les art. 853 et 854, en exigeant toutefois, que les associations soient réglées par un acte authentique.

Les coutumes n'avaient pas toutes autorisé ces contrats à titre onéreux entre un auteur et l'un de ses successibles ( notamment C. de Montargis , art. 1 , ch. XV ) et le droit coutumier en général avait vu ces contrats avec une extrême défiance ( Basnage , art. 434 de la C. de Normandie ). Mais les rédacteurs du Code Napoléon n'ont pas compris ces contractants dans les exceptions à l'art. 1123 , et cela avec d'autant plus de raison, que cette prohibition eût été excessive , et d'autant plus tyrannique qu'ils venaient de soumettre au rapport les cohéritiers de toutes les lignes , ce qui n'avait pas lieu en droit coutumier. Pourquoi en effet défendre à un père , à un oncle , qui peuvent facilement apprécier l'intelligence et l'activité d'un fils ou d'un neveu , de faire avec lui des entreprises dont ils attendent certains bénéfices ! Toutefois, ces conventions doivent être faites sans fraude , c'est-à-dire, qu'au moment où le défunt et le successible traitent ensemble , elles ne doivent présenter aucun avantage indirect , de nature à porter préjudice aux autres cohéritiers, en dispensant du rapport le successible contractant.

L'authenticité de l'acte qui établit l'association entre le successible et le de cu'us ne peut être suppléée ni par l'enregistrement de l'acte de société ni par la publication et l'affiche de cet acte, conformément aux stipulations des art. 30, 42, 43 et 44 du Code de Commerce. On a dit, il est vrai, que puisque aux termes de ces articles , un acte sous seing privé était suffisant pour les sociétés en nom collectif ou en commandite , sauf enregistrement au greffe du tribunal de commerce , et affiches pendant trois mois de l'extrait de l'acte, dans la salle des audiences, on ne devait pas être plus exigeant pour les associations dont il est mention dans l'article 854. Mais cette solution est contraire au texte de l'art. 854, dont il faut bien après tout tenir compte. On invoque, il est vrai, les termes généraux de l'art. 39 du Code de Commerce; mais on peut répondre que les termes tout aussi généraux de l'art. 1834 du Code Napoléon, permettent bien aussi de constater les sociétés civiles par un acte sous seing privé, et cependant on convient que cet article est modifié par l'art. 854. D'ailleurs, le motif de la loi nous paraît être surtout d'empêcher la suppression de l'acte d'association, danger que l'enregistrement seul ne préviendrait pas ; et les cohéritiers peuvent, en outre, avoir intérêt plus tard à connaître et à étudier les différentes clauses de l'acte d'association, ce qui ne leur serait pas possible, si un extrait seul de l'acte avait été affiché au Tribunal de Commerce, conformément aux prescriptions des art. 42-44 du Code de Commerce.

Quoiqu'il en soit, la jurisprudence, tout en reconnaissant que faute d'acte authentique, l'association dans ce cas n'est pas régulière, décide en général que les juges peuvent trouver dans les circonstances du fait, la preuve que le défunt a entendu avantager son successible de ses bénéfices, en le dispensant du rapport. Il est facile de voir que cette opinion se rattache à la doctrine que nous avons repoussée ci-dessus, d'après laquelle toutes les fois qu'il se présente des avantages déguisés, les juges doivent apprécier si l'on peut faire résulter une dispense de rapport des circonstances du fait.

Puisque les conventions quelconques faites sans fraude entre le défunt et l'un des successibles, sont autorisées et doivent produire entre eux le même effet qu'elles produiraient entre deux étrangers, nous en conclurons également que le même effet sera produit contre eux; que spécialement l'héritier pourra opposer à ses cohéritiers les mêmes moyens de défense et de libération qu'il eût pu opposer au défunt lui-même, soit en invoquant, tantôt le bénéfice d'un terme pour une dette encore non exigible, tantôt la prescription dans les cas où il aurait pu les invoquer contre le défunt lui-même.

On opposerait en vain l'art. 829 à cette théorie, en soumettant à un rapport immédiat, comme l'exige cet article, les dettes que l'héritier aurait pu contracter envers le défunt, et en les considérant comme des avantages directs ou indirects qui doivent cesser à la mort du défunt, en vertu de l'adage : mors omnia solvit. Ce serait, nous semble-t-il, exagérer la portée de l'article 829 ; car, si cet article prescrit le rapport de dettes provenant d'une avance de fonds faite dans l'intérêt de l'héritier, et constituant dès lors un avantage pour lui, il n'en est plus de même de ces dettes qui sont la conséquence de contrats à titre onéreux, et qui ne procurent aucun avantage pour l'une des parties exclusivement.

Si les profits résultant de contrats à titre onéreux passés entre le successible et le défunt ne doivent pas être rapportés, lorsqu'ils sont faits sans fraude, et qu'ils sont constatés par un acte authentique lorsqu'il y a association, il est évident par à contrario, que ces profits seront sujets au rapport, toutes les fois que des circonstances du fait que les juges apprécient souverainement, il résultera qu'une libéralité relativement assez importante est déguisée sous le masque d'un contrat à titre onéreux ; il faut évidemment une libéralité assez importante relativement à la fortune du défunt, car, soumettre au rapport des avantages modiques, qui pourraient être la conséquence involontaire de ces contrats, serait prohiber toutes conventions entre un successible et son auteur !

Mais s'il résulte des circonstances qu'une libéralité a été vraiment déguisée sous un contrat à titre onéreux, l'obligation du rapport a-t-elle pour effet d'anéantir la convention, comme, par exemple, d'annuler la vente d'un immeuble faite au successible pour un prix qui était au-dessous de sa valeur réelle? ou bien, n'y a-t-il lieu de rapporter que l'avantage qu'en a retiré le successible, la convention étant elle-même maintenue? Le Code n'a pas prévu cette question, et nous croyons que sa solution doit être laissée à l'appréciation du tribunal, qui se décidera par la plus ou moins grande importance de l'avantage, par des circonstances diverses, telles que l'intention présumée des parties, le vrai caractère de l'acte qu'elles ont fait. Toutefois, nous déciderons, avec M. Demante (tom. III, n° 189 bis), que la convention devra, en général, être prise au sérieux, et que le successible ne sera tenu au rapport que de l'avantage qui lui a été conféré. Ce qui importe en effet, surtout dans cette matière, c'est que l'un des cohéritiers ne s'enrichisse pas aux dépens des autres.

Nous trouvons dans l'art 918 une exception au principe, que les conventions quelconques sont permises entre un successible et son auteur, comme elles le seraient entre deux étrangers. Cet article, dont l'idée a été puisée dans l'art. 26 de la loi du 17 nivôse an II, dispose en effet que la valeur en pleine propriété des biens aliénés, soit à charge de rente viagère, soit à fonds perdu ou avec réserve d'usufruit, à l'un des successibles en ligne directe, sera imputée sur la portion disponible. Le législateur a vu une présomption légale de gratuité dans ces aliénations qui ne conservent au défunt qu'un droit temporaire; et, en conséquence, il a prescrit l'imputation de ce don présumé sur la quotité disponible, en soumettant l'excédant au rapport. Mais comme, après tout, le législateur ne voulait pas prohiber absolument ces sortes d'opérations entre l'auteur et ses successibles *en ligne directe*, il a permis de les rendre valables, en faisant concourir dans l'acte d'aliénation les divers cohéritiers, successibles à l'époque où l'aliénation a eu lieu.

La loi du 17 nivôse avait été bien plus loin que les rédacteurs du Code, et au lieu d'imputer la valeur de ces aliénations légalement présumées des libéralités sur la quotité disponible, elle les avait interdites et prohibées absolument, non-seulement pour les successibles en ligne directe, mais encore et par identité de raison pour les collatéraux, auxquels elle avait attribué une réserve comme aux héritiers en ligne directe. Nos rédacteurs, qui n'ont pas donné de réserve aux collatéraux, n'avaient aucune raison pour considérer comme simulés ces contrats passés entre les successibles collatéraux et le défunt, et pour ne pas leur conserver leur caractère aléatoire.

### C. — DU RAPPORT DES DETTES.

Puisque le rapport a pour but de maintenir l'égalité entre les cohéritiers, il est évident que le successible qui retient à titre de prêt, d'avances faites par le défunt, une portion de la masse héréditaire, est obligé tantôt de rapporter en nature, tantôt de précompter sur sa part cette portion qu'il détient. Le législateur a présumé que le de cujus, en faisant, par le moyen d'une avance de fonds, un avantage à son successible, a dû penser que la part de l'héritier avantagé répondrait pour ses cohéritiers du recouvrement de cette avance. Le rapport des dettes était admis aussi dans l'ancien droit, car, disait Lebrun (Succ., liv. III, ch. VI, tit. 2) autrement le fils aurait avantage, puisque des créanciers antérieurs au père pourraient primer les cohéritiers.

Le rapport des sommes dont l'héritier est débiteur, se trouve régi par les règles ordinaires des dons entre-vifs, auxquelles renvoie l'article 829 ; c'est ainsi que le rapport se fera à la succession du créancier (art. 850), et qu'aux termes du même article, la dette se trouvera exigible et rapportable lors de l'ouverture de cette succession.

Mais si la dette du successible se trouvait plus considérable que sa part héréditaire, l'excédant serait-il aussi exigible lors de l'ouverture de la succession? Bourjon, dans l'ancien droit, enseignait l'affirmative, et notre article 850, qui fait partie de la section à laquelle l'art. 829 renvoie, sanctionne aussi une décision semblable. Le législateur a pensé, en effet, que l'avantage que se trouvait avoir le débiteur consistant dans la possession d'un capital avancé gratuitement, c'était ce capital lui-même qui devait être rapporté. Sans doute le rapport peut se trouver être inopinément obligatoire, mais c'est une chance qu'il devait et qu'il a dû prévoir quand il a reçu cette avance.

Il faut décider de même et par application de l'article 850, que la dette non productive d'intérêts en produira cependant au taux légal, à partir de l'ouverture de la succession ; le même motif d'égalité qui a fait établir le rapport du capital doit justifier cette solution, puisqu'à partir de ce moment tout ce qui fait partie de la masse héréditaire, dans quelques mains que ce soit, produit dans l'intérêt de tous les cohéritiers, soit des fruits naturels, soit des fruits civils.

Les mêmes principes d'égalité entre les cohéritiers, qui régissent la matière du rapport, nous aideront à résoudre une question qui a été fort controversée dans l'ancien droit ( V. Lebrun, liv. III, ch. VI, sect. II, n° 7), et sur laquelle des dissidences se sont encore élevées dans notre droit nouveau. Les cohéritiers de l'héritier débiteur ont-ils sur les biens héréditaires, et à l'encontre des créanciers personnels de ce successible débiteur, un droit de préférence tel, qu'ils puissent imputer sur sa part le montant de la dette, et prélever une portion égale sur la masse de la succession? Le droit ancien admettait généralement l'affirmative, et soutenait que la part de l'héritier débiteur doit être responsable de son insolvabilité. Nous croyons que la même solution doit être admise encore aujourd'hui, bien que ce résultat puisse paraître à première vue assez extraordinaire.

Les créanciers personnels de l'héritier pourraient, ce semble, en argumentant contre ce résultat, dire qu'aucun texte ne donne aux cohéritiers un privilège sur la portion héréditaire de leur cohéritier, car les articles 829 et 830 ne s'occupent pas des relations des cohéritiers avec les créanciers, mais seulement des relations des cohéritiers entre eux, qu'il n'y a d'ailleurs d'autres privilèges que ceux que la loi a elle-même établis, et subsidiairement que le défunt n'ayant pas une créance privilégiée contre son successible débiteur, eux, ses ayants-cause, ne sauraient avoir plus de droits que leur auteur.

A ces arguments, les cohéritiers de l'héritier débiteur peuvent répondre, que pour maintenir l'égalité entre les copartageants, on a dû, au point de vue de la composition de la masse, assimiler au rapport des dons l'obligation pour chaque héritier de tenir compte à la masse des sommes dont il se trouve débiteur envers le défunt; que les créanciers personnels qui sont les ayants-cause de l'héritier débiteur, sont dès lors comme lui astreints à se soumettre au prélèvement, en vertu des art. 829 et 830, qui ne distinguent pas entre l'héritier et ses créanciers personnels. Ils peuvent répondre, enfin, que les cohéritiers n'agissent pas comme des ayants-cause du défunt, et dès lors comme des créanciers, mais plutôt comme des copartageants, ayant en cette qualité le droit de demander le rapport, et pouvant même l'exercer en nature, ce qui démontre évidemment qu'ils n'agissent pas comme des créanciers ayants-cause du défunt.

Ainsi que nous avons eu occasion de le dire plus haut, le rapport n'est dû que pour les libéralités ; il sera donc applicable à ces prêts gratuits, désintéressés, qui constituent un avantage pour l'enfant ; mais toutes les fois que les sommes dont l'héritier se trouvera débiteur envers la succession, proviendront d'engagements quelconques à titres onéreux passés avec le défunt, qui a contracté avec son sucessible, comme il l'eût fait avec un étranger, nous croyons que le rapport n'en sera dû dans tous les cas, que lorsque ces sommes se trouveront exigibles.

Les prélèvements que les cohéritiers peuvent exercer sur la part héréditaire de l'héritier débiteur, comprennent non seulement les dettes qui sont dues pour des causes diverses, mais antérieures à l'ouverture de la succession, mais encore d'autres dettes dont cet héritier peut être tenu pour des causes postérieures à cette ouverture : telles seraient la perception des fruits de l'hérédité, les dégradations commises, etc... L'art. 828 s'applique, en effet, d'une manière générale, *aux comptes que les copartageants peuvent se devoir*, et l'art. 829 ne parle pas d'une manière moins générale des sommes que l'héritier peut devoir.

Nous remarquerons en terminant cette matière, que si l'art. 829 renvoie d'une manière générale aux règles établies dans la section des rapports, l'héritier débiteur ne doit pas être assimilé absolument à l'héritier donataire, car si celui-ci peut se soustraire au rapport en renonçant à la succession, et en gardant la donation jusqu'à concurrence de la quotité disponible, l'héritier débiteur ne peut, au contraire, par aucun moyen, se soustraire au paiement de ce qu'il devait au défunt, et qu'il doit à ses cohéritiers lors de l'ouverture de la succession.

## IV. — COMMENT S'OPÈRE LE RAPPORT.

Le rapport se fait en nature ou en moins prenant ; en nature, lorsque l'héritier remet ou laisse dans la masse de la succession, et dans son identique individualité, l'objet lui-même qui en faisait ou en fait encore partie ; en moins prenant, tantôt lorsqu'une somme égale à la valeur pécuniaire de cet objet est précomptée sur la part héréditaire de cet héritier, du lot duquel elle est retranchée, tantôt lorsque cette même somme est ajoutée à la part de chacun des héritiers. Le premier est le rapport réel ; le second le rapport fictif, ou par équivalent.

Nous examinerons successivement dans quel cas le rapport s'effectuera en nature, et dans quel cas il s'opérera en moins prenant ; pour cela, il faut avant tout faire une distinction fondamentale entre le rapport des immeubles et le rapport des meubles. Le rapport des immeubles s'effectue généralement en nature, tandis que le rapport des meubles s'effectue en moins prenant ; mais toutefois le rapport en moins prenant, quand il s'applique aux immeubles, est régi par de tout autres principes, que le rapport en moins prenant des meubles.

### I. — DU RAPPORT DES IMMEUBLES.

#### A. — RAPPORT EN NATURE.

Sauf les exceptions qui seront ci-après indiquées, le rapport des immeubles ne peut se faire, et ne doit être exigé qu'en nature. Cette règle est ancienne, et puisée dans nos coutumes, qui disposaient que le rapport des immeubles ne devait se faire qu'*en essence et espèce*. Le successible donataire ou légataire d'immeubles ne peut donc acquérir sur ces immeubles qu'une propriété révocable, et qui est résolue d'une manière rétroactive lors de l'ouverture de la succession ; mais toutefois si sa propriété sur ces immeubles est révocable, il n'en est pas moins vrai que les fruits qu'il a recueillis jusqu'au moment de l'ouverture lui sont irrévocablement acquis.

De ce principe que l'immeuble donné rentre dans la masse héréditaire, comme s'il n'en était jamais sorti, comme s'il avait toujours appartenu au défunt, il en résulte que si l'immeuble a péri ou a été endommagé par cas fortuit, et sans la faute du donataire, soit avant, soit après l'ouverture de la succession, la perte ou le dommage sont au compte de l'hérédité; car s'il a péri avant l'ouverture de la succession, l'héritier donataire qui se trouvait débiteur de l'immeuble sous condition suspensive, invoquera le bénéfice de l'art. 1182, tandis qu'après l'ouverture de la succession, il se retranchera derrière la règle de l'art. 1302 : *debitor rei certæ, rei interitu liberatur.* L'héritier donataire de l'immeuble ne serait pas même tenu de rapporter l'indemnité qui lui aurait été payée par une compagnie d'assurances, si l'immeuble qu'il avait fait assurer avait péri par suite d'un incendie, dont la cause ne serait imputable ni à ce donataire ni aux personnes dont il répond.

L'indemnité que la compagnie paie en fait de sinistres n'est pas en effet la représentation de l'immeuble incendié; c'est plutôt l'équivalent de la chance aléatoire que court l'assuré, qui paie une prime pour laquelle il ne recevra rien si aucun sinistre ne se déclare. Le paiement de l'indemnité a, en effet, sa cause, dans les primes que l'assuré s'est engagé à verser seul entre les mains de l'assureur, et n'est que l'équivalent de la chance qu'il a courue, de payer sans rien recevoir, si l'incendie ne se produisait pas. Mais il faut que l'incendie se soit produit sans la faute du donataire; autrement celui ci ne serait pas libéré de l'obligation de rapporter, s'il était possible de prouver ou d'établir par des présomptions, que l'incendie est imputable au donataire, ou à ceux dont il doit répondre aux termes de l'art. 1384.

Le principe qui nous a servi de guide pour mettre au compte de l'hérédité les pertes ou les détériorations survenues à l'immeuble donné, sans la faute du donataire et par cas fortuit, va nous guider encore pour la solution des questions qui concernent les augmentations ou les diminutions de valeur qui ont pu survenir à cet immeuble, ainsi que pour les charges réelles qui auraient pu être établies du chef du donataire.

L'immeuble, avons-nous dit, doit rentrer dans la masse héréditaire, comme s'il n'en était jamais sorti, comme s'il avait toujours appartenu au défunt; d'où il suit que les augmentations ou les diminutions de valeur provenant de causes naturelles ou accidentelles, et indépendantes du fait du donataire, comme une alluvion, une nouvelle voie de communication; — une inondation, ou la suppression d'une voie de communication, sont évidemment au compte de la succession. Mais 'e donataire a droit au remboursement intégral des impenses necessaires qui proviennent de son fait, et qui ont amélioré la chose ( art. 862 ), ou qui même l'ont conservée. — On doit lui nir compte également des dépenses utiles, mais jusqu'à concurrence seulement de ce dont la valeur de l'immeuble se trouve augmentée au temps du partage, ou jusqu'à concurrence du montant intégral de ses dépenses, si la plus-value de l'immeuble est supérieure au montant des dépenses. — En ce qui concerne les dépenses voluptuaires, le donataire n'a que le droit d'enlèvement *sine detrimento rei.*

On ne doit pas comprendre au nombre des dépenses dont il faut tenir compte au donataire les dépenses d'entretien qui sont une charge des fruits, et restent au compte du donataire par application de l'art. 605.

Le donataire doit de son côté, aux termes de l'art. 863, tenir compte des dégradations et des détériorations qui ont diminué la valeur de l'immeuble par son fait, ou par sa faute et sa négligence. Il serait responsable des détériorations provenant de ce qu'il n'aurait pas fait en temps utile les grosses réparations nécessaires à la construction de l'immeuble, le donataire en avancement d'hoirie ne peut être en effet assimilé à un usufruitier; et si celui-ci n'est pas tenu, aux termes de l'art. 605, de ces grosses réparations qui sont à la charge du nu-propriétaire, il n'en est de même du donataire en avancement d'hoirie, puisque dans le cas d'une donation de cette nature, les cohéritiers du donataire n'ont pas qualité pour veiller à la conservation de l'immeuble, sur lequel ils ne peuvent faire aucun acte de propriété ou d'administration.

Il faut remarquer que c'est au moment du partage, c'est-à-dire au moment de la formation des lots, que doivent être appréciées les augmentations ou les diminutions de valeur de l'immeuble donné; mais que, d'un autre côté, c'est au moment du décès du donataire que naît l'obligation du rapport. Dès lors, si la chose donnée vient à périr, *fortuito casu*, avant l'ouverture de la succession, l'obligation du rapport est éteinte; et cette obligation principale venant à disparaître, les obligations accessoires et réciproques des prestations diverses, que nécessitent les augmentations et les diminutions de valeur de l'immeuble donné, deviennent aussi impossibles Mais, si la perte de la chose arrive après l'ouverture de la succession, oh! alors il n'en est plus ainsi!

l'obligation du rapport se trouve en effet avoir pris naissance, et en même temps qu'elle l'obligation accessoire des prestations réciproques qui, une fois qu'elle a acquis une existence propre et indépendante de l'obligation du rapport, subsiste seule et n'est soumise qu'aux modes ordinaires d'extinction des obligations.— C'est ainsi qu'aux termes de l'art. 1302, si la perte fortuite de la chose libère le vendeur de l'obligation de livrer la chose à l'acquéreur, celui-ci n'est pas pour cela libéré de l'obligation de payer son prix au vendeur. Ainsi, et par application des principes que nous avons posés ci-dessus, nous pensons que dans le premier cas le donataire ne pourra réclamer le remboursement de ses impenses nécessaires ou utiles ; il le pourra dans le second cas, et nous ajouterons, en raisonnant par analogie de l'art. 856, que ces dépenses porteront de plein droit intérêt à compter de l'ouverture de la succession.

L'art. 867 donne une garantie au donataire pour le recouvrement des sommes qui lui seraient dues par la succession pour ses impenses, déduction faite de celles qu'il devrait lui-même pour les dégradations qu'il aurait commises. Il est autorisé en effet à garder l'immeuble en quelque sorte à titre de créancier antichrésiste de la succession, jusqu'au remboursement effectif des sommes qui lui sont dues, et en imputant les fruits en déduction de ce que la succession lui doit.

Du principe encore que le donataire n'a qu'une propriété révocable, et que cet immeuble rentre dans la masse héréditaire comme s'il n'en était jamais sorti, il résulte cette troisième conséquence, que les biens donnés se réunissent à la masse de la succession francs et quittes de toutes charges créées par le donataire. Cette conséquence évidente n'est autre chose que l'application de la maxime : *Soluto jure dantis, solvitur jus accipientis;* ainsi, tout cessionnaire d'un droit d'usufruit, de servitude ou d'hypothèque, se trouve donc dépouillé de ce droit ; toutefois, ajoute l'art. 865, les créanciers ayant hypothèque peuvent intervenir au partage pour s'opposer à ce que le rapport se fasse en fraude de leurs droits. Ce droit d'intervention n'est pas au reste spécialement accordé aux créanciers hypothécaires, et ceux-ci ne sont cités qu'à titre d'exemple, d'énonciation démonstrative qui ne saurait modifier la généralité absolue de l'article, lequel, dans le premier membre de la phrase, parle de *toutes charges*.

Il ne faut pas assimiler les simples charges créées sur l'immeuble à l'aliénation de cet immeuble lui-même ; car si par l'effet du rapport, il y a résolution des droits divers concédés à des tiers par le donataire, et qui ne sont que des démembrements de la propriété, il n'en est plus de même du droit de propriété concédé à un tiers en vertu d'une aliénation consentie par le donataire. Cette conséquence est-elle bien juridique, et comment le donataire qui n'avait qu'une propriété révocable et résoluble rétroactivement, a-t-il pu valablement transférer à un tiers une propriété qu'il n'avait que sous condition suspensive ? N'y a-t-il pas là une violation de la maxime : *Nemo dat quod non habet ?* Les rédacteurs ont voulu sans doute rester fidèles à l'ancien droit qui avait toujours admis que le donataire pouvait aliéner, tandis qu'il ne pouvait concéder aucun des démembrements de la propriété ; ils ont voulu d'ailleurs n'apporter aucune entrave à la circulation des biens, en permettant leur aliénation, et même les dégager de ces entraves en annulant les charges diverses qui en eussent empêché la circulation.

Mais le législateur a permis aux tiers cessionnaires de ces charges réelles, d'intervenir au partage, pour s'opposer à ce que le rapport se fasse en fraude de leurs droits. Pothier (Des Succ., ch. VI, art. 2 et 8 ), écrivait que les charges créées au profit du tiers ne se trouvaient pas résolues :

1° Quand le rapport de l'immeuble ne s'opérait qu'en moins prenant ;

2° Quand le rapport, bien qu'ayant lieu en nature, l'immeuble tombait par l'effet du partage, dans le lot de l'héritier qui l'avait rapporté.

Ces solutions d'ailleurs conformes à l'équité, sont encore vraies aujourd'hui ; en faveur de la première, on peut invoquer l'art. 865, puisque cet article n'est applicable que lorsque le rapport se fait en nature, et que d'ailleurs on ne peut pas dire qu'il se soit opéré chez le donataire aucune résolution de son droit, car il conserve, à titre de part d'hoirie, ce qu'il avait précédemment à titre d'avancement d'hoirie. Son droit de propriété qu'il avait en vertu d'une donation jusqu'au décès du de cujus, ne s'est brisé que pour revivre immédiatement à un autre titre, celui d'héritier ; en sorte qu'il n'y a pas eu un seul instant où il n'ait été propriétaire, tantôt à tel titre, tantôt à tel autre.

La seconde solution peut se justifier par les mêmes principes, et l'on peut ajouter encore que, puisque par l'événement du partage, l'immeuble rapporté est tombé dans le lot de l'héritier cessionnaire des droits réels, celui-ci ne pourrait demander la résolution des charges qu'il a créées, car leur résolution ne pouvant avoir lieu que dans l'intérêt de ses cohéritiers auxquels est dû le rapport, il ne saurait se faire une arme de cet intérêt même contre ses propres ayants-cause.

L'intérêt des créanciers hypothécaires ou autres cessionnaires de droits réels, est donc de veiller à ce que le rapport se fasse en moins prenant, quand il y aura possibilité ; ou à ce que par l'effet

du partage, l'immeuble reste entre les mains du cohéritier donataire. C'est dans ce but que l'article 865 leur donne la faculté
d'intervenir au partage.

### B. — RAPPORT EN MOINS PRENANT.

La règle que l'immeuble doit être rapporté en nature par l'héritier donataire, souffre quelques exceptions, et il est des cas dans
lesquels ce rapport peut ou doit même avoir lieu en moins
prenant.

L'immeuble *peut*, aux termes des articles 859 et 860, être rapporté en moins prenant :

1° Quand il existe dans l'hérédité des immeubles de même
valeur et bonté que l'immeuble donné, et dont on peut former
des lots à peu près égaux pour les autres cohéritiers. Cette exception est conforme à l'équité et à la raison ; à la raison, car quel
intérêt ont les autres cohéritiers à exiger son rapport en nature,
puisqu'ils trouvent dans la succession des immeubles dont on
peut leur former des lots à peu près égaux, conformément aux
dispositions des articles 826 et 832 ; à l'équité, puisque les tiers
conserveront ainsi les droits réels qui leur ont été cédés par l'héritier donataire.

Ce sera d'après sa valeur, à l'époque du partage, que l'immeuble devra être estimé, d'abord parce que telle est la règle
générale, et ensuite parce que les autres immeubles à partager
étant estimés à cette époque, c'est alors aussi que, par une juste
réciprocité, on devra estimer le bien qui est sujet au rapport.

2° L'immeuble donné *peut* encore être rapporté en moins prenant, lorsque le donateur a accordé au donataire *la faculté* de
retenir l'immeuble donné, en payant sa valeur ou une somme

déterminée. Cette clause permise aussi en droit romain (l. 1 § 12, de Coll. bon. D.), est évidemment et à fortiori permise dans notre droit, puisque le donateur aurait pu dispenser du rapport. Mais dans ce cas l'immeuble *lui-même* est toujours l'objet de l'obligation du rapport, et la somme ou la valeur à payer n'est elle-même que *in facultate solutionis*; de là cette conséquence que si l'immeuble périt par cas fortuit avant l'époque du partage, le donataire se trouve affranchi de toute obligation du rapport.

Il n'en serait plus ainsi, si le donateur avait exprimé la volonté que le donataire gardât l'immeuble, et ne payât qu'une somme, laquelle ne pourrait périr (car genera non pereunt), et serait rapportable dans tous les cas.

Le rapport de l'immeuble *doit* se faire en moins prenant :

*A.* — Si le donataire a aliéné l'immeuble avant l'ouverture de la succession (art. 860.) Nous avons remarqué plus haut que si les droits réels cédés par le donataire sur l'immeuble se trouvaient résolus par l'effet du rapport, il n'en était pas de même du droit de propriété, contrairement à la maxime : nemo plus juris in alium transferre potest, quàm ipse habet. Cette maxime est en effet plutôt applicable aux droits réels qu'au droit de propriété lui-même; nous en trouvons des exemples dans les articles 929 et 930, où le droit des tiers acquéreurs n'est résolu, que lorsque les biens du donataire ont été discutés, tandis que le droit des créanciers hypothécaires est résolu de plein droit, sans aucune discussion préalable. Ainsi encore, aux termes de l'art. 2265, le possesseur de bonne foi d'un immeuble qu'il a acquis de celui qui l'a usurpé, en devient propriétaire par une prescription de 10 ou 20 ans, tandis que les hypothèques que l'usurpateur a constituées, ne deviennent valables, que s'il devient lui-même propriétaire incommutable.

Le donataire doit avoir aliéné soit à titre onéreux, soit à titre gratuit, avant l'ouverture de la succession, puisqu'après cette époque, la condition résolutoire sous laquelle il possédait, s'est trouvée accomplie, et le bien qu'il possédait est devenu commun à tous les cohéritiers.

C'est aussi à cette époque de l'ouverture de la succession, que l'on doit s'arrêter pour fixer la valeur de l'immeuble lui-même, car l'héritier qui après tout était tenu de rapporter cet immeuble à ses cohéritiers, ne pouvait juridiquement changer l'objet de son obligation, en substituant une dette de quantité à une dette de corps certain. Si toutefois le législateur l'a permis par égard pour certains intérêts, il devait au moins exiger que l'héritier fît le rapport de la valeur exacte de l'immeuble, à l'époque où naissait pour lui l'obligation de le rapporter. Toutefois cette disposition n'est pas logique à un autre point de vue, car si l'immeuble n'avait pas été aliéné, on aurait eu égard à sa valeur à l'époque du partage, et rien n'autorisait à fixer son estimation à une toute autre époque, même en cas d'aliénation, puisque la succession doit être mise dans le même état que si la donation n'eût pas été faite. Cette conséquence logique était admise dans notre ancien droit ; mais on a sans doute pensé dans notre droit actuel, que puisqu'au moment de sa naissance et par le fait de l'aliénation, l'obligation du rapport n'avait pour objet qu'une somme d'argent, il était inutile d'étendre à l'époque du partage la fiction que l'héritier était débiteur de l'immeuble.

*B*. — Le rapport est encore nécessairement dû en moins prenant, si l'immeuble a péri par la faute du donataire ou de ses ayants-cause, c'est la valeur qu'il avait à l'époque du partage qui doit être appréciée. A défaut d'exception spéciale, il faut en effet appliquer la règle générale, qui exige que la succession soit remise dans le même état que si l'immeuble n'avait pas péri par son fait. Nous savons au reste que si l'immeuble avait péri *fortuito casu*, le rapport ne serait plus obligatoire, que l'immeuble fût entre les mains d'un héritier ou d'un tiers acquéreur.

Il nous reste, avant de terminer cette partie de notre sujet, à dire un mot d'une disposition tout spéciale, et qui fait l'objet de l'art. 866. Cet article suppose qu'un immeuble qui a été donné avec dispense de rapport excède la quotité disponible. — L'excédant est sujet au rapport, aux termes de l'art. 844; mais comment s'effectuera ce rapport? La loi distingue : il s'opèrera toujours en nature, lorsque le retranchement de l'excédant peut être fait commodément; dans le cas contraire, si le retranchement de l'excédant ne peut s'opérer sans dépréciation notable pour chacune des parties de l'immeuble, on applique contrairement au droit commun, qui serait la licitation dans l'hypothèse qui nous occupe; on applique, disons-nous, la règle : *major pars trahit ad se minorem*. Si la portion réservée est plus forte que la portion disponible, l'immeuble entier doit être remis dans la masse de la succession, sauf au donataire à prélever sur la masse la valeur de la portion disponible. Dans le cas contraire, le donataire conserve l'immeuble, sauf à récompenser ses cohéritiers en argent ou en moins prenant.

Mais quid juris si la portion disponible et la portion réservée se trouvaient égales? Nous croyons que puisque cette hypothèse se trouve en dehors des cas prévus par l'article, on doit recourir à la règle de droit commun à laquelle l'art. 866 a apporté une exception. Or, la règle de droit commun est que le bien indivis et reconnu impartageable doit être licité; il y aura donc lieu à licitation dans ce cas, et l'application de cette règle n'a rien que d'équitable, puisqu'elle donne à chacune des parties une position égale, en lui permettant de se rendre adjudicataire par une enchère supérieure à celle de l'autre.

## II. — DU RAPPORT DES MEUBLES.

Le successible donataire d'objets mobiliers devient, malgré l'obligation du rapport à laquelle il se trouve éventuellement soumis, propriétaire incommutable de ces objets, dont il ne doit jamais opérer le rapport qu'en moins prenant. Ce principe, qui découle de l'art. 868 se justifie par cette considération, que les meubles qui ne se consomment pas par l'usage qu'on en fait, se détériorent néanmoins par cet usage et sont sujets à des dépréciations ou à des variations de prix nécessitées par des causes diverses. Il est donc souvent d'une bonne administration de céder ces objets ou de les vendre pour les remplacer; aussi le législateur a-t-il décidé que le successible donataire deviendrait propriétaire irrévocable de ces objets et ne serait, en quelque sorte, donataire que de leur valeur, telle qu'elle était lors de la donation, d'après l'état estimatif annexé à l'acte ou, à défaut, d'après une estimation par expert, à juste prix et sans crue.

Du principe qu'il est propriétaire irrévocable, il résulte que les risques de ces objets sont à sa charge : *res perit domino;* et qu'il ne peut, comme pour les immeubles, réclamer qu'on lui tienne compte de ses dépenses pour les augmentations ou les améliorations qui surviennent, comme aussi il n'est pas responsable des dégradations qui en diminuent la valeur. Et, puisqu'il est propriétaire à partir de la donation, c'est donc dès ce moment qu'il est débiteur de la valeur de ces effets, valeur portée dans l'acte d'après un état estimatif, ou appréciée par experts, dit en terminant l'art. 868. Cet article, en supposant que l'état estimatif peut ne pas exister, paraît contraire à l'art. 948, qui exige cet état comme une condition de la validité des donations de meubles; mais on peut le justifier en faisant remarquer que la donation pourrait être valable, même sans état estimatif, en ce qui concerne les dons manuels et les dons indirects, et que d'ailleurs si elle est nulle, le rapport serait toujours obligatoire pour l'héritier, sinon comme donataire, toujours comme débiteur.

La raison qui a fait admettre pour les effets mobiliers le rapport en moins prenant, est la prompte détérioration et la dépréciation rapide des divers objets qu'embrassent les donations de cette nature. Or, a-t-on dit (Marcadé, art. 868; Delvincourt, tome II), le mobilier incorporel ne peut subir une telle détérioration; une rente, un office d'avoué, de notaire, ne s'usent pas en effet comme du linge ou un ameublement. Il ne fut d'ailleurs question dans les discussions préparatoires que de meubles corporels, et c'est pour ces meubles seuls qui sont après tout les seuls susceptibles d'une évaluation par experts et sans crue, que l'état estimatif est exigé, comme le prouve l'art. 948. Donc le Code n'a pas dérogé pour le rapport des meubles immatériels au principe, que c'est l'objet même qui a été reçu qui doit être rapporté.

On peut répondre à ces arguments que l'art. 868 s'occupant des meubles en quelque sorte par antithèse et par opposition aux immeubles dont il vient de s'occuper précédemment, a dû avoir égard à toutes sortes de meubles, en prenant dès lors cette expression de meubles dans son acception la plus étendue; que d'ailleurs, s'il n'en était pas ainsi, le Code ne renfermerait aucune règle pour le rapport des meubles incorporels.

On a dit enfin que les meubles de cette nature ne peuvent être facilement détériorés, et que dès lors il n'y a pas même raison d'appliquer dans cette hypothèse l'art. 868; mais le motif de cette détérioration n'est pas le seul sur lequel soit fondé cet article, et nous avons reconnu qu'il était nécessaire que le donataire eût la propriété irrévocable de ces meubles pour les échanger au besoin contre de l'argent; or, ce motif s'applique au mobilier incorporel, aussi bien qu'au mobilier corporel.

Suivant la règle de l'art. 869, le rapport de l'argent donné se fait en moins prenant dans le numéraire de la succession; à défaut d'argent, en abandonnant du mobilier, et à défaut de mobilier, des immeubles de la succession, jusqu'à due concurrence.

Cet article ne déroge pas au principe posé par l'art. 868, que le rapport du mobilier s'opère en moins prenant; car, puisqu'on ne peut faire usage de l'argent sans le consommer (art. 587), les espèces données ne peuvent donc pas être rapportées dans leur identique individualité, et il ne peut jamais, dès lors, y avoir lieu à un rapport en nature, lorsqu'à défaut de numéraire le donataire préfère verser dans la succession une somme égale à celle qu'il a reçue. D'où la conséquence que le donataire ne serait pas tenu, en cas d'augmentation ou de diminution dans la valeur des espèces, de restituer dans leur identique individualité les espèces qu'il a reçues : *in pecuniâ non corpora quis cogitat, sed quantitatem* (l. 94, § 1, de Solut., art. 1895). Nous ferons remarquer aussi, en terminant, que cet article constitue une exception à la règle générale d'après laquelle un débiteur ne peut forcer le créancier à recevoir en paiement autre chose que ce qui fait l'objet même de la dette (art. 1243).

# POSITIONS.

## Droit romain.

I. — La décision de Scévola (l. 10, de Coll. bon. Dig.) n'est pas une interpolation de Tribonien (page 8).

II. — Cette décision ne s'applique que quand la portion du fils institué sera supérieure à une part virile (p. 9).

III. — Cette loi ne constitue pas une exception unique; elle s'applique toutes les fois qu'il y a un préjudice causé (p. 12).

IV. — Il n'y a pas antinomie entre la loi 1, § 14, de Coll. bon. D., et le § 12, Inst. de hæred. quæ ab int. defer. (p. 20).

V. — L'émancipé devra la collatio de tout son patrimoine, à l'exception d'une part virile qu'il garde pour lui, si l'héritier sien ne concourt pas avec les étrangers. Dans le cas contraire, il fera un apport proportionnel au préjudice causé (p. 32).

VI. — Les mots *pro quadrante* de la loi 1, § 13 de Coll. bon. D. doivent se traduire : en proportion du quart (p. 33).

VII. — La loi 2 (De Coll. dot. D.) s'explique par les mêmes considérations qui justifient la solution de la loi 3, in fine, de Coll. dotis (p. 45).

VIII. — Il n'y a pas antinomie entre la loi 13, C. de Coll., et la loi 18 C. famil. ercise. (p. 62).

IX. — L'héritier ne doit le rapport de la donation simple que dans trois cas (p. 66).

X. — L'émancipé doit dans tous les cas le rapport de la donation simple profectice (p. 64).

## Droit coutumier.

I. — La règle de l'incompatibilité des qualités d'héritier et de légataire doit son origine à l'intention qu'avait le législateur de maintenir l'égalité entre les cohéritiers (p. 85).

II. — La jurisprudence avait cherché à restreindre la règle de l'incompatibilité des qualités d'héritier et de légataire (p. 87).

III. — Le petit-fils doit le rapport à la succession de l'aïeul du prêt que ce dernier avait fait à son père, que la créance soit ou non exigible (p. 98).

IV. — Le régime féodal a son point de départ dans les bénéfices ecclésiastiques.

## Droit français.

I. — L'imputation n'est autre chose que le rapport proprement dit, modifié toutefois par la condition d'enfant naturel (p. 125).

II. — Les art. 847 à 849 ne résultent pas d'une dispense fondée sur une interposition de personnes, mais du principe que le rapport n'est dû que par celui qui est personnellement héritier et donataire (p. 130).

III. — Le petit-fils venant par représentation de son aïeul ne doit pas rapporter les dons faits à son père ni ceux qui lui ont été faits à lui-même (p. 133).

IV. — Les donations déguisées soit par voie d'interposition de personnes, soit sous la forme d'actes à titre onéreux, ne sont pas virtuellement dispensées du rapport (p. 137).

V. — Le successible renonçant ne peut conserver la donation qui lui a été faite que jusqu'à concurrence de la quotité disponible (p. 145).

VI. — Le successible renonçant ne peut cumuler la réserve et la quotité disponible (p. 153).

VII. — L'art. 857 se trouve modifié par l'art. 922, et l'on doit toujours avoir recours à ce dernier pour déterminer la quotité disponible (p. 161).

VIII. — Le rapport des legs doit, comme le rapport des dons, se faire, tantôt en nature, tantôt en moins prenant (p. 167).

IX. — Peu importe que l'on puisse établir que les libéralités dont il est question dans l'art. 852, ont été prises sur le capital du donateur, elles n'en seront pas moins exemptes du rapport (p. 173).

X. — L'authenticité de l'acte dans le cas de l'art. 854 ne peut être suppléée ni par l'enregistrement d'un acte sous seing privé d'association, ni par la publication ou l'affiche de cet acte (p. 178).

XI. — Le rapport du mobilier incorporel se fait en moins prenant, conformément à l'art. 868 (p. 206).

## Droit criminel.

I. — En matière pénale ordinaire, la prescription de l'action publique et la prescription de l'action civile ont la même durée.

II. — Si les actes d'instruction ou de poursuite faits par des officiers de police judiciaire interrompent la prescription des deux actions, il n'est pas vrai de dire à l'inverse, que les poursuites faites par la partie lésée devant une juridiction civile soient interruptives par rapport à l'action publique.

III. — La prescription spéciale de 10 ou de 3 ans continue de s'appliquer à l'action civile, quand l'action publique a été suivie d'un acquittement; tandis que la prescription ordinaire est seule applicable, quand l'action publique a été suivie d'une sentence de condamnation.

## Droit International.

L'extradé, à raison d'une infraction qui perd le caractère de crime pour revêtir le caractère de délit, ne doit pas être condamné.

## Procédure civile.

I. — Le propriétaire peut, à la cessation de l'usufruit, intenter l'action possessoire, bien qu'il n'ait pas recueilli les fruits dans l'année, si l'usufruitier a possédé l'immeuble pendant ce temps.

II. — Le nu-propriétaire peut intenter l'action possessoire pendant la durée de l'usufruit.

III. — L'usager n'aurait pas l'exercice de l'action possessoire contre un tiers dans le cas où le trouble porterait sur la possession de l'héritage en général.

## Droit commercial.

I. — On peut stipuler que l'associé industriel sera affranchi de toute contribution aux pertes.

II. — L'association en participation ne constitue pas une personne morale.

## Droit administratif.

I. — Les ministres forment le tribunal administratif ordinaire du premier degré.

II. — Ils ne sont jamais juges d'appel dans les cas spéciaux qui rentrent dans les attributions contentieuses des préfets, des conseils de préfecture ou des commissions administratives.

III. — Ces expressions : *le préfet jugera ; décidera, arrêtera que, etc., etc.*, ne donnent pas à ce fonctionnaire le droit de rendre de véritables décisions nécessitant, pour être attaquées, un recours devant le conseil d'Etat.

---

*Vu par le Président de la Thèse,*

**MOLINIER.**

*Vu par le Doyen de la Faculté de Droit*

**DELPECH.**

*Vu et permis d'imprimer :*

*Le Recteur,*

**ROUSTAN.**

Cette Thèse sera soutenue le        Janvier 1864, dans l'une des salles de la Faculté de Droit de Toulouse.

# TABLE DES MATIÈRES.

~~~~~~

## DROIT ROMAIN.

AGEN. — IMPRIMERIE DE PROSPER NOUBEL.

www.ingramcontent.com/pod-product-compliance
Lightning Source LLC
Chambersburg PA
CBHW050103210326
41519CB00015BA/3808